Annemarie Obermayer

Bayerische Schmankerl

65 Rezepte

KOMPASS Küchenschätze

Ein Wort zuvor

Wer an Bayern denkt, denkt vielleicht zuerst an die bekannten Seen wie den Starnberger See oder den Chiemsee oder an die traditionsreichen großen Städte wie München, Nürnberg, Augsburg und Regensburg. Der Freistaat Bayern ist jedoch das größte Bundesland Deutschlands mit einer wunderschönen, abwechslungsreichen Landschaft: Mittelgebirge im Norden, Hochgebirge im Süden, große Waldgebiete, Seen, Flüsse und bedeutende Städte. 90% der Fläche Bayerns werden durch Landwirtschaft, Gartenbau, Forstwirtschaft oder Fischerei bewirtschaftet.

In dieser bäuerlichen Kulturlandschaft haben die Dörfer immer noch einen großen Stellenwert und die Landwirtschaft findet günstige Voraussetzungen. Lebendiges Brauchtum wird auch heute noch in allen Teilen des Landes gepflegt. So ist eine von Traditionen und Einflüssen aus verschiedenen Jahrhunderten geprägte bodenständige Küche entstanden.

Die sieben Regierungsbezirke Ober-, Unter-, und Mittelfranken, Oberpfalz, Schwaben, Nieder- und Oberbayern haben zudem eigene Spezialitäten bewahrt, die die bayerische Küche variationsreicher machen. In Franken liebt man den Wein, gute Würstl und Lebkuchen, so auch in der Oberpfalz. Die Schwaben schätzen ihre Spätzle, die Niederbayern Kartoffel- sowie Wildspezialitäten und eine allgemein eher „deftige" Küche mit viel Kraut. Und in Oberbayern da gibt's Weißwürste, knusprige Haxen, Krapfen und köstliche Mehlspeisen. Diese und andere Gerichte stehen, aufgrund ihrer Bekanntheit, im Mittelpunkt der Rezeptauswahl dieses Buches.

Vor den typischen Suppen finden Sie verschiedene „Brotzeit" – Spezialitäten, im Anschluß daran Fleisch-, Gemüse- und Salatgerichte sowie die weit über die Landesgrenzen hinaus bekannten Knödel wie Kartoffel- oder Semmelknödel. Mehlspeisen, Süßes und Gebackenes im letzten Teil des Buches vollenden die Rezept-Vorschläge.

Auf den nachfolgenden Seiten werden die besonders landestypischen Gerichte kurz beschrieben. Daran anschließend finden Sie ein kleines „Küchenlexikon" als Sprachführer durch das Land, mit bayerischen Ausdrücken aus dem Küchen- und Gastronomiebereich.

So wird es Ihnen sicher leicht fallen, die verschiedenen „Bayerischen Schmankerl" kennenzulernen und mit Freude nachzukochen.

Dabei wünsche ich Ihnen stets ein gutes Gelingen und: „An Guadn!"

Ihre

Annemarie Obermayer

Inhalt
Seite

Ein Wort zuvor	2
Die besonderen „Bayerischen Schmankerl"	4
Kleines Küchenlexikon	6
Zur Brotzeit	8
Suppen, Eintopf	16
Fisch	23
Fleisch, Braten	27
Gemüse, Kraut, Salate, Pilze	42
Knödel, Kartoffelgerichte	50
Süßspeisen, Mehlspeisen, Kuchen	54
Bauernbrot	77
Kleine Getränkekunde	79

Die besonderen „Bayerischen Schmankerl"

„Mach'ma Brotzeit. Brotzeit ist die schönste Zeit", heißt es in einem bayerischen Lied. Eine feste Zeit gibt es für die verschiedenen **Brotzeitspezialitäten** nicht. Ob als Zwischenmahlzeit oder Abendessen, ob im Biergarten oder auf der Terrasse, Hauptsache ist, daß man sich die Zeit dafür nimmt. Einfach ist es, einen **„Obazdn"** aus Camembert und Brie anzurichten, gern gegessen werden natürlich **Leberkäs'** und **Weißwürste.** Dazu gibt's frische Laugenbrezen und einen Radi-Radieserl-Salat oder ganz einfach nur **„Saure Zipfl"**, eine mittelfränkische Wurstspezialität.

Zu einem guten Essen gehört eine gute **Suppe.** Die bekanntesten sind wohl die **Leberknödel-** und **Grießnockerlsuppe,** aber auch die **Pfannkuchen-, Bier-** und **Schwammerl** (Pilz)-**Suppe** sind fast auf jeder Speisekarte zu finden.

Darüber hinaus sei auch der **„Pichelsteiner"** erwähnt, ein Eintopfgericht, das aus lagenweise eingeschichtetem Fleisch und Gemüse zubereitet wird.

Die Bäche, Flüsse und Seen liefern eine Vielzahl von **Fischen.** In Franken kennt und schätzt man den **Karpfen,** am Chiemsee oder Tegernsee die **Renke** und aus der Donau kommt der **Waller.**

Daß die bayerische Küche im allgemeinen keine Küche der schnellen Pfannengerichte ist, zeigt sich vor allem bei den **Fleischspezialitäten.** Ein **„Münchner Tellerfleisch"** wird langsam „köchelnd" zubereitet, ein saftiger **Schweinsbraten** oder eine **Haxe** mit knuspriger Kruste soll im Backofen gar werden. So entsteht keine Hektik und man kann in Ruhe die Beilagen und das **Gemüse** vorbereiten. Neben dem **Wirsing** sind Apfelblaukraut (Rotkohl) oder **„Bayerisch Kraut",** beide hervorragend zu Schweinefleisch passend, genauso beliebt wie die knackigen **Salate.** Da gibt es den typischen, **warmen Kartoffelsalat** und den **Kraut-** oder **Radi-Radieserl-Salat.**

In Bayern verwendet man gerne Gewürze und Kräuter, die den Eigengeschmack der Speisen nicht verfremden, sondern ihn eher unterstützen. Beispielhaft seien Kümmel, Pfeffer und Muskat oder Knoblauch, Petersilie, Zwiebel und vor allem Schnittlauch erwähnt.

Zum Fleisch gehört eine **Beilage. Knödel** sind beliebt im ganzen Land, obwohl sie eigentlich keine bayerische Erfindung, sondern eher eine Tradition sind. Als unsere Vorfahren noch mit den Händen aßen, formten sie angeblich aus breiartigem Getreidemus kleine Kugeln und tauchten sie dann in verschiedene Soßen. Das Wort „Knödel" stammt vermutlich vom tschechischen „knedlicky."

Darüber hinaus kennt und schätzt man auch die Fingernudeln und natürlich die **„Reiberdatschi"** (Reibekuchen).

Die süßen **Mehlspeisen** wie Apfel- oder Hollerkücherl ergänzen jedes gute Essen. **Rohr-** oder **Dampfnudeln** werden vielerorts aber auch als Hauptgericht serviert. Zu allen Brotzeiten gehört ein kräftiges, körniges **Brot.** Das **Chiemgauer Bauernbrot** und die **Laugenbrezen** sind besonders beliebt.

Vom Kräftigen zum Süßen: Mit Hefe entstehen so leckere Gebäcke wie **Hefezopf, Faschingskrapfen** oder der berühmte **Zwetschgendatschi** (Pflaumenkuchen vom Blech). **„Heinerle"** oder **„Zwiebelplootz"** sind fränkische Spezialitäten.

Typisch als Schmalzgebäck sind auch die **„Auszog'nen"** oder die **„Zwetschgen-Pavesen".**

Ja, und die Strudel – wohl aus dem Österreichischen ins Land gekommen – findet man überall.

Zu jedem guten Essen gehört ein kühles **Bier** oder ein trockener **Wein.** Von beidem hat Bayern Hervorragendes zu bieten, wie die **„Kleine Getränkekunde"** am Ende dieses Buches beschrieben.

Kleines Küchenlexikon

Apfelkücherl	= Apfelscheiben in Teig getaucht und in Schmalz ausgebacken
Auszogne	= Schmalzgebäck aus Hefeteig
Backfett	= Fett z. Ausbacken, z.B. Butterschmalz
Beugel	= Hörnchen
Blaukraut	= Rotkohl
Bratreine	= Bratgeschirr, meist emailliert
Dampfl	= Hefevorteig
Dampfnudel	= Hefeteignudeln, die in einem fest verschlossenen Geschirr zubereitet werden
Einbrenne	= in schäumender Butter angebräuntes Mehl
Fleischpflanzl	= Frikadellen
Gelbe Rüben	= Möhren, Karotten
Geräuchertes	= Geräuchertes Schweinefleisch
Grießnockerl	= Suppeneinlage aus Grieß und Eiern
Guglhupf	= Napfkuchen
Halsgrat	= Nackenstück vom Schwein
Holler	= Holunder
Kiechel	= kleine runde Teigstücke
Kletzen	= gedörrte Birnen
Kletzenbrot	= Früchtebrot aus gedörrten Birnen
Knöcherlsulz	= Sülze aus Knochen
Knödel	= Klöße
Krapfen	= in Fett ausgebackene kleine Pfannkuchen
Kraut	= Weißkohl
Lauch	= Porree
Leberknödel	= Klöße aus Leber und geschnittenem Weißbrot

Lüngerl	= saure Lunge
Mus	= Brei, z. B. Grießbrei, Milchkoch
Nockerl	= kleine Klößchen
Obazda	= angemachter Käseaufstrich
Plootz	= gesprochen „Platz", fränkischer Blechkuchen
Preßsack	= Schwartenmagen
Radi	= Rettich
Radieserl	= Radieschen
Rannen, Rahnen	= rote Rüben, rote Beete
Rahm	= süße Sahne, Schlagsahne
Rapunzel	= Feldsalat
Reherl	= Pfifferlinge
Reiberdatschi	= Reibekuchen, Kartoffelpuffer
Reine	= Bratgeschirr, meist emailliert
Rohrnudeln	= Hefeteiggebäck, i. Backofen zubereitet
Sauerrahm	= saure Sahne
Semmel	= Brötchen
Semmelbrösel	= Paniermehl
Schlegel	= Keule
Schwammerl	= Pilze
Tellerfleisch	= ein gutes Stück Suppenfleisch, vorwiegend ein Tafelspitzstück
Topfen	= Quark
Wammerl	= durchwachsenes Bauchfleischstück vom Schwein
Weißwurst	= mild gewürzte Wurst aus feinem Kalbfleischbrät (Fleischmasse)
Wurzelwerk	= Gemüsemischung, bestehend aus: Karotte, Petersilie, Porree, Petersilienwurzel, Sellerie
Zwetschgen	= Pflaumen
Zwetschgendatschi	= Pflaumenkuchen (Blechkuchen), aus Hefeteig gebacken

Zur Brotzeit

„Mach'ma Brotzeit. Brotzeit ist die schönste Zeit…" Brotzeit kann man natürlich zu jeder Tages- oder Nachtzeit machen. Die „klassische" Brotzeit-Zeit ist jedoch am Vormittag, so zwischen 9-10 Uhr. Favorit sind Weißwürst mit süßem Senf, Leberkäse, Wurstsalat oder einfach ein Stück Käse. Dazu gibt's ein kräftiges Bauernbrot oder eine knusprige Brezn. Eine „Halbe" Bier gehört dann auch dazu.

Als Beigabe passen vorzüglich ein frisch aufgeschnittener „Radi" (Rettich) oder „Radieserl" (Radieschen).

Also dann: Mahlzeit zur Brotzeit!

„Obazda"
(Käseaufstrich)

200 g vollreifer Camembert – möglichst Zimmertemperatur –
200 g reifer Brie
80 g weiche Butter
2 - 3 EL Rahm
1 Zwiebel
Salz, weißer Pfeffer
edelsüßes Paprikapulver
etwas gemahlener Kümmel
2 EL Bier
Kümmel oder gehackter Schnittlauch z. Bestreuen

● Camembert und Brie grob würfeln und in eine Schüssel geben. Butter und Rahm dazugeben. Alles mit Hilfe einer Gabel fein zerdrücken.

● Die Zwiebel schälen, sehr fein hacken und mit den Gewürzen und dem Bier zum Käse-Buttergemisch geben. Nochmals gut durchrühren.

● Zugedeckt etwa 1 Stunde lang im Kühlschrank durchziehen lassen. Dann auf einem Teller anrichten, mit Kümmel oder gehacktem Schnittlauch bestreuen und servieren.

Dazu passen Radieschen, Salzgebäck oder frische Brezen.

Variation:

Den Brie können Sie auch durch Doppelrahmfrischkäse ersetzen, dann schmeckt der „Obazde" milder.

Interessant für Sie:

„Kleckert" man sich beim Essen an, so sagt man in Bayern: der „bazd si o". Genauso spricht man vom „obazn" wenn, wie im Rezept beschrieben, eine breiartige Masse angemacht wird. Die Schreibweise kann verschieden sein. Mancherorts findet man „Obatzter" oder „Obazta". Immer ist es jedoch ein pikanter Käseaufstrich.

Raffinierter Knödelsalat

4 größere Semmelknödel (Rezept Seite 51)	1 Prise Zucker
	1 kleine Knoblauchzehe
2 Zwiebeln	4 - 6 EL Öl
4 - 6 EL Obstessig	4 EL frisch gehackter Schnittlauch
Salz, Pfeffer	

● Die noch lauwarmen Knödel in Scheiben schneiden und auf Teller verteilen.

● Die Zwiebeln schälen, in dünne Ringe schneiden und darüber verteilen.

● Aus Obstessig, Salz, Pfeffer, geschältem und gepreßtem Knoblauch, Öl und evtl. etwas warmem Wasser eine Marinade anrühren. Diese gleichmäßig über die Knödel verteilen, etwas durchziehen lassen, dann mit Schnittlauch bestreut servieren.

Abb., nächste Seite, Mitte

Variation:

Auch kleingewürfelte Fleischwurst oder in Streifen geschnittener Käse passen gut zum Knödelsalat.

Saure „Zipfel" aus Mittelfranken

8 Paar Schweinsbratwürste	1 - 2 Lorbeerblätter
Sud: 1 l Wasser	1 TL zerstoßene Pfefferkörner
125 ml Obstessig	1 - 2 Nelken
2 Zwiebeln	1 EL Zucker
1 Prise Salz	2 gelbe Rüben (Karotten)

● Die Schweinsbratwürste kurz kalt abspülen und mit Küchenpapier trockentupfen.
● Für den Sud Wasser mit Obstessig aufkochen. Die Zwiebeln schälen, in Ringe schneiden und dazugeben. Alle Gewürze und den Zucker dazugeben, einmal aufkochen, dann herunterschalten und die Würste sowie die geschälten, gestiftelten gelben Rüben hineingeben. Etwa 10 - 15 Minuten durchziehen lassen. Je 2 Paar Würste auf tiefe Teller verteilen und mit etwas Sud und den Zwiebelringen garniert servieren. Dazu paßt am besten ein kräftiges Bauernbrot.

Abb., oben links

„Regensburger" Wurstsalat

8 Regensburger Würste oder 800 g Fleischwurst

2 mittlere Zwiebeln

Marinade:

4 - 5 El Obstessig

5 - 6 El Öl

etwas weißer Pfeffer

1 Bund Schnittlauch

Abb., unten rechts

● Die Würste der Länge nach einritzen und häuten. Die Zwiebeln schälen. Beides in feine, dünne Scheiben schneiden und in einer größeren Schüssel vermischen.

● Aus Obstessig, Öl, Wasser, Salz sowie Pfeffer eine Marinade zubereiten. Zum Wurstsalat geben und unterrühren. Etwa 1/4 - 1/2 Stunde lang durchziehen lassen. Nochmals abschmecken. Dann den Schnittlauch waschen, trockentupfen und in Röllchen schneiden, zum Salat geben, kurz durchmischen, dann servieren.

Variation:
Für einen „Schweizer Wurstsalat" gibt man noch etwa 150 g in Streifen geschnittenen Emmentaler hinzu.

Münchner Tellersulz mit Bratenfleisch

1 ganzes Schweinefilet (ca. 350 g)	1 Eiweiß
Salz, Pfeffer	Zitronensaft
etwas Öl o. Butterschmalz	Salz, Pfeffer
1/4 l kräftige Fleischbrühe	6 Blatt weiße Gelatine
1/8 l trockener Weißwein	1 - 2 gekochte Eier
200 g geputztes Gemüse	4 Essiggurken
(z.B. Möhren, Bohnen, Erbsen und Blumenkohl)	1 - 2 Tomaten
	Petersilienzweige

● Das Schweinefilet kurz kalt abspülen, häuten und mit Küchenpapier trockentupfen. Kräftig würzen, dann in heißem Öl oder Butterschmalz von allen Seiten anbraten und auf niedriger Stufe in ca. 20 Minuten fertigbraten. Zum Abkühlen beiseite stellen.

● Fleischbrühe mit Weißwein erhitzen, dann das geputzte und kleingeschnittene Gemüse dazugeben und in etwa 15 - 20 Minuten garziehen lassen. Mit einem Schaumlöffel herausheben und auf vorbereitete Teller verteilen.

● Das Eiweiß steif schlagen und zur Brühe geben. Einmal aufkochen, dann den Eischaum abheben und die Brühe durch ein mit Filterpapier ausgelegtes Sieb oder Tuch gießen. Die somit geklärte Brühe mit Zitronensaft, Salz und Pfeffer kräftig abschmecken. Eingeweichte gut ausgedrückte Gelatine hineingeben und unter beständigem Rühren auflösen.

● Das Schweinefilet und die Eier in Scheiben, die Essiggurken in Fächer schneiden und die gewaschenen Tomaten vierteln.

● Zuerst das Fleisch auf das Gemüse geben. Dann die restlichen Zutaten und die Petersilienzweige hübsch darauf anrichten. Die etwas abgekühlte Sülzflüssigkeit darüber gießen.

● Im Kühlschrank erstarren lassen.

Hausmacher Leberkäs

500 g mageres Rinderhackfleisch

500 g mageres Schweinehackfleisch (beides vom Metzger 2 mal durchlassen)

175 g magerer Speck ohne Schwarte

etwa 1/4 l eiskaltes Wasser

2 Zwiebeln

1 EL getrockneter Majoran

Salz, weißer Pfeffer, etwas Muskat, etwas Milch

2 - 3 EL Mehl nach Bedarf

Butterschmalz für die Form

● Das Hackfleisch mischen, dann nacheinander in einer Küchenmaschine oder im Mixer unter Zugabe von Wasser so lange fein pürieren, bis eine sehr cremige Masse entsteht.

● Den Speck sehr fein würfeln und durch die feinste Scheibe des Fleischwolfs drehen.

● Die Zwiebeln schälen und reiben. Mit dem Majoran, Salz, Pfeffer, Muskat, Speck, etwas Milch und Mehl gleichmäßig unter die Fleischmasse mischen. Hierzu am besten die Küchenmaschine oder den Elektroquirl mit Knetern einsetzen.

● Etwa 1 Stunde lang kaltstellen.

● Eine größere, längliche Kastenform mit weichem Butterschmalz ausfetten. Das Fleischbrät einfüllen, glattstreichen und die Form zwei- bis dreimal auf der Arbeitsfläche aufstoßen, damit eventuelle Luftblasen entweichen.

● Den Backofen auf 150 - 170°C vorheizen, die Form im unteren Drittel einsetzen und den Leberkäs etwa 70 - 80 Minuten lang backen lassen.

Interessant für Sie:

Der Leberkäs ist eine typische bayerische Spezialität, jedoch haben die Zutaten wenig mit dem Namen gemein. Weder Leber noch Käse werden, wie das Rezept zeigt, hinzugegeben. Vermutlich stammt der Name von der einem „Käslaib" ähnlichen Form ab.

Münchner Weißwurst

Die Weißwurst – Tradition und Spezialität zugleich. Für das Original gibt es ein festgelegtes Rezept, bei dem mindestens 51% Kalbfleisch verwendet wird. Der Fremdwassergehalt darf 25% und der Fettgehalt 30% nicht übersteigen. Gewürzt ist sie mit gehackter Petersilie, teils mit geriebener Zitronenschale, Gewürzen und frischen Zwiebeln.

Jeder hat „seinen" Metzger und ist überzeugt, dort die besten Weißwürste zu bekommen. Eine alte Regel besagt, sie sollten das „Zwölf-Uhr-Läuten" nicht hören. Mit anderen Worten: Sie sollten am Vormittag verspeist werden, also ganz frisch sein. Für die Zubereitung wird Wasser erhitzt und die Würste werden einzeln eingelegt. Auf niedriger Stufe läßt man sie langsam garziehen. Nach etwa 10 Minuten sind sie heiß genug. Zur Weißwurst serviert man süßen Hausmachersenf, Laugenbrezen und ein kühles Bier. Pro Person rechnet man 2 - 3 Stück.

Wie ißt man sie am besten? Gelernte Brotzeitmacher nehmen sie in die Hand, tauchen die Wurst in den Senf und „zuzzeln" (saugen) sie aus. Aber mit Messer und Gabel geht's auch. Am besten schneidet man sie der Länge nach durch, steckt die Gabel ein, zieht mit Hilfe des Messers die Haut ab und schneidet die Wurst in kleine Stücke.

Saures Lüngerl

300 g Kalbslunge	2 Lorbeerblätter
200 g Kalbsherz	5 - 6 Pfefferkörner
Sud:	100 ml Essig
1 l Salzwasser	Saft von 1 Zitrone
1 gelbe Rübe (Möhre), kleingeschnitten	Soße:
	50 g Butter, 40 g Mehl
1/4 Stück Sellerie, geputzt und gewürfelt	1 TL Zucker, 1/2 l Sud
	2 - 3 EL Zitronensaft
1 EL gehackte Petersilie	etwas Senf, Salz, Pfeffer
2 mittelgroße Zwiebeln, feingehackt	30 ml trockener Weißwein
	2 - 3 EL Sauerrahm
1 - 2 Nelken	

● Lunge und Herz gründlich waschen, dann wässern. Dabei das Wasser so oft wechseln, bis es klar bleibt.
● Alle Zutaten für den Sud in einem großen Suppentopf aufkochen, die Innereien hineingeben und in etwa 60 - 70 Minuten weichkochen. Mehrmals den Schaum abheben.
● Die Innereien herausnehmen und gut abtropfen lassen. Die Lunge mit einem Schneidbrett bedecken, d.h. beschweren. Dann läßt sie sich später besser schneiden. Den Sud durchpassieren.
● Die abgekühlten Innereien in feine, nudelartige Streifen schneiden. In den passierten Sud zurücklegen und 1 - 2 Tage kühl stellen.
● Für die Zubereitung nochmals durch ein Sieb gießen und dabei den Sud auffangen.
● In einem größeren Topf die Butter erhitzen. Unter beständigem Rühren Mehl und Zucker dazugeben. Den Sud angießen und alles zusammen etwa 10 Minuten lang auf niedriger Stufe „köcheln" lassen. Zuletzt die Innereien hinzufügen und etwa 15 Minuten erhitzen.
● Kräftig mit Zitronensaft, Gewürzen, Senf und Weißwein abschmecken. Zuletzt den Sauerrahm unterziehen.

Beilage: Semmelknödel.

Altbayerische Brotsuppe

30 g Butterschmalz	Salz, weißer Pfeffer
50 g magerer Speck, in Würfeln	etwas edelsüßes Paprikapulver
1 Zwiebel, grob gehackt	1 Prise Majoran
1 Bund Suppengrün	5 EL Rahm
150 g altbackenes, dunkles Brot	2 EL gehackte Petersilie
1 l kräftige Fleischbrühe	1 kleine Knoblauchzehe nach Beliebem

● In einem größeren Topf das Butterschmalz erhitzen, den Speck darin ausbraten, Zwiebel, geputztes und kleingeschnittenes Suppengrün sowie das zerteilte Brot dazugeben. Alle Zutaten gut durchrösten, dann mit kalter Brühe aufgießen und langsam, unter beständigem Rühren, zum Kochen bringen.

● Die Gewürze hinzufügen, dann die Suppe auf niedriger Stufe etwa 20 Minuten garen lassen. Anschließend durch ein Sieb passieren.

● Den Rahm unterziehen und mit gehackter Petersilie bestreuen. Nach Belieben mit frisch gepreßtem Knoblauch abrunden.

Pfannkuchensuppe

Pfannkuchen:	Suppe:
80 - 100 g Mehl, Salz	1 1/2 l kräftige, heiße Fleischbrühe
1 - 2 Eier, 100 - 125 ml Milch	
etwas Mineralwasser	Salz, weißer Pfeffer
3 - 4 EL Butterschmalz zum Ausbacken	2 - 3 EL gehackter Schnittlauch

● Das Mehl mit dem Salz in eine Schüssel sieben. Die Eier hineinschlagen. Milch mit Mineralwasser mischen und langsam, unter beständigem Rühren, zu einem geschmeidigen Pfannkuchenteig verarbeiten. Hierzu am besten den Elektroquirl einsetzen. Anschließend den Teig etwa 30 Minuten quellen lassen.

● In einer Pfanne das Butterschmalz erhitzen. Etwas Teig hineingeben und durch Schwenken gleichmäßig verteilen. Kurz anbacken lassen, dann wenden und die andere Seite goldgelb fertigbacken. Den restlichen Teig auf gleiche Art zubereiten.

● Noch warm aufrollen und in ca. 1/2 cm dicke Streifen schneiden.

● Auf vorgewärmte Suppenteller oder -tassen verteilen und mit der heißen Fleischbrühe übergießen. Jede Portion mit Schnittlauch garnieren.

Leberknödelsuppe

1 kleine Zwiebel	etwas abgeriebene Schale einer unbehand. Zitrone
1/2 Bund geh. Petersilie	Salz, Pfeffer, Majoran
30 - 40 g Butter	1 Prise Muskat
4 - 6 altbackene Semmeln (Brötchen)	1/2 Knoblauchzehe nach Belieben
200 ml lauwarme Milch	Semmelbrösel (Paniermehl) nach Bedarf
200 g durchpassierte Rinder- o. Schweineleber	1 1/2 l kräftig abgeschm. Fleischbrühe
2 Eier	etwas Schnittlauch

● Die Zwiebel schälen und fein hacken. Die Butter in einer Pfanne erhitzen, Zwiebel und Petersilie dazugeben und unter beständigem Wenden andünsten. Beiseite stellen.

● Die Semmeln kleinschneiden, in eine Schüssel geben und mit der Milch übergießen. Etwas durchziehen lassen, dann ausdrücken und zerpflücken. Die Leber dazugeben. Eier, Gewürze, nach Belieben frisch gepreßter Knoblauch und Zwiebel-Petersilienmischung dazugeben.

● Alles gut verkneten. Hierzu den Elektroquirl einsetzen. Bei Bedarf noch Semmelbrösel unter den Teig mischen.

● Etwa 30 Minuten lang durchziehen lassen.

● Mit nassen Händen Knödel formen und diese – je nach Größe – etwa 15 - 20 Minuten lang in der heißen Fleischbrühe garkochen. Mit frisch gehacktem Schnittlauch bestreut servieren.

Unser Tip:
Möchten Sie eine klare Brühe servieren, so sollten Sie die Leberknödel erst in Salzwasser kochen und dann in die Fleischbrühe geben. In Bayern schätzt man an Hochzeiten und Festtagen auch die „Bachenen Leberknödel". Diese werden nach dem Kochen in gesalzenem Wasser gut abgetropft und anschließend für ca. 10 Minuten in heißem Fett ausgebacken. Dann erst serviert man Sie in der heißen Fleischbrühe.

Grießnockerlsuppe

50 - 60 g Butter, 2 Eier	etw. frisch ger. Muskatnuß
120 - 140 g feiner Grieß	1 1/2 kräftige Fleischsuppe
Salz, weißer Pfeffer	1EL frische Petersilie

● In einer Schüssel die Butter schaumig rühren. Abwechselnd Eier und Grieß dazugeben und weiterrühren. Zuletzt mit Salz, Pfeffer und Muskatnuß kräftig abschmecken. Anschließend die Masse zum Ausquellen 30 Minuten stehen lassen.

● Die Fleischsuppe erhitzen, nicht kochen. Mit einem nassen Teelöffel „Nockerln" abstechen und vorsichtig in die Brühe geben.

● Auf niedriger Stufe etwa 15 Minuten lang garziehen lassen, dann mit der Suppe auf Teller verteilen und mit gehackter Petersilie bestreut servieren.

Münchner Biersuppe

2 EL Butter	1/2 TL gem. Kümmel
1 l helles oder dunkles Bier	etwas frisch geriebene Muskatnuß
Salz, weißer Pfeffer	1 Eigelb, 3 - 4 EL Rahm
1 Prise Zucker	Weißbrotwürfel, Butter

● Die Butter in einem größeren Topf schmelzen, das Bier dazugeben und unter beständigem Rühren langsam erhitzen. Eventuell abschäumen. Mit Salz, Pfeffer, Zucker, Kümmel und Muskatnuß würzen.

● Eigelb mit Rahm verquirlen und die Suppe damit verfeinern. Beiseite stellen. In Butter geröstete Weißbrotwürfel dazugeben, und die Biersuppe sofort servieren.

Unser Tip:
Wenn Sie 1 Stück ungespritzte Zitronenschale und etwas Zitronensaft zum Bier geben, dann schäumt es nicht so leicht.

Bayerische Schwammerlsuppe
(Pilzsuppe)

| 300 g „Reherl" (Pfifferlinge) oder frische Eßpilze |
| 1 kleingewürfelte Zwiebel |
| 40 g Butter, 1 - 2 El Mehl |
| 1 l kräftig abgeschmeckte Fleisch- o. Gemüsebrühe |
| Salz, Pfeffer |
| 200 ml Rahm |
| 20 - 30 g kalte Butter |
| etwas gehackte Petersilie |

● Die „Reherl" (oder auch andere eßbare Pilze) putzen, waschen, gut abtropfen lassen, kleinschneiden oder halbieren.

● Die Zwiebel in heißer Butter glasig dünsten, die Schwammerl dazugeben und mitdünsten. Mit Mehl bestreuen und mehrmals umrühren.

● Unter beständigem Weiterrühren die Fleisch- oder Gemüsebrühe hinzugießen. Kräftig abschmekken, einmal aufkochen, dann auf niedriger Stufe etwa 10 - 15 Minuten langsam durchziehen lassen.

● Von der Kochstelle nehmen, Rahm und Butter einrühren, Petersilie dazugeben und sofort servieren.

„Pichelsteiner"

150 g mageres Rindfleisch	4 - 6 gelbe Rüben (Möhren)
200 g Schweinefleisch	500 g Kartoffeln
150 g mageres Lammfleisch	5 EL Öl
1 große Zwiebel	Salz, Pfeffer
2 Stangen Lauch (Porree)	3/4 l Fleischbrühe
1/2 Stück Sellerie	3 EL frisch gehackte Petersilie

● Das Rind- und Schweinefleisch kurz kalt abspülen, trockentupfen und dann in etwa 2 cm große Würfel schneiden. Die Zwiebel schälen, halbieren und grob hacken. Den Lauch putzen, waschen und in Streifen schneiden. Sellerie, gelbe Rüben und Kartoffeln schälen und kleinwürfeln.

● In einem größeren Topf das Öl erhitzen, Fleisch und Zwiebeln darin kräftig anbraten. Die Hälfte herausnehmen, dann mit allen Gemüsezutaten und den Kartoffeln lagenweise wieder in den Topf geben. Dabei jede Schicht mit Salz und Pfeffer bestreuen.

● Die Brühe seitlich angießen.

● Den so vorbereiteten Eintopf einmal aufkochen und anschließend auf niedriger Stufe in 60 - 70 Minuten langsam garziehen lassen.

● Das fertige Gericht mit Petersilie bestreuen und servieren.

Interessant für Sie:

Die Bezeichnung „Pichelsteiner" stammt vermutlich von der Ortschaft „Büchelstein", einer kleinen Gemeinde im Bayerischen Wald. Das Gericht galt früher als „Arme-Leute- Essen" aus Kartoffeln, Gemüse und übrig gebliebenem Fleisch. Heute kennt und schätzt man den „Pichelsteiner" im ganzen Land als saftigen, wohl bekömmlichen Fleisch-Gemüse-Eintopf.

Fränkische Karpfenfilets im Bierteig

1 1/2 - 2 kg Karpfen	Zitronenspalten und Petersilie zum Garnieren
Salz, weißer Pfeffer	Bierteig:
Zitronensaft	150 g Mehl
Mehl zum Wenden	100 ml Bier (hell o. dunkel)
Butterschmalz oder Öl zum Ausbacken	2 Eigelb, etwas Salz
	2 Eiweiß

● Den Karpfen säubern, unter fließendem Wasser gründlich waschen und in 4 gleichgroße Stücke teilen. Mit Salz und Pfeffer würzen, mit Zitronensaft beträufeln und ca. 10 - 15 Minuten ziehen lassen.
● Inzwischen den Bierteig vorbereiten. Hierzu das Mehl in eine Schüssel sieben, mit Bier, Eigelb und Salz verrühren. Etwa 15 Minuten zum Ausquellen stehen lassen. Zuletzt die Eiweiße steif schlagen und unterziehen.
● Butterschmalz oder Öl erhitzen. Die Fischstücke kurz in Mehl wenden, einzeln durch den Bierteig ziehen und anschließend im heißen Fett knusprig ausbacken.
● Auf Küchenpapier legen, abtropfen lassen und dann mit Zitronenspalten sowie Petersilie garniert servieren.
Beilage: Kartoffelsalat

Seerenken „blau"

1/4 l trockener Weißwein	1 Lorbeerblatt
4 - 5 EL Weinessig	etwas Petersilie
2 gelbe Rüben (Möhren)	2 küchenfertige Renken à 250 - 300 g
2 Zwiebeln	
4 Zitronenscheiben	Butter
8 - 10 Pfefferkörner	Zitronenscheiben als Garnitur
Salz, 1 Prise Zucker	

● Den Weißwein mit 1/2 l Wasser mischen und in einem größeren, länglichen Fischtopf aufkochen. Essig, geputzte und in Scheiben geschnittene gelbe Rüben sowie geschälte, in dünne Ringe zerteilte Zwiebeln, Zitronenscheiben, Pfefferkörner, Salz, Zucker, Lorbeerblatt und Petersilie dazugeben.

● Zugedeckt etwa 15 - 20 Minuten garziehen lassen.

● Inzwischen die Renken kalt abspülen und mit Küchenpapier gut trockentupfen, in den vorbereiteten Sud legen und auf niedriger Stufe etwa 15 - 20 Minuten durchziehen lassen.

● Die Renken aus dem Sud heben, auf einer vorgewärmten Platte dekorativ anrichten, mit etwas Kochflüssigkeit und der geschmolzenen Butter begießen und mit den Zitronenscheiben garnieren.

Beilage:

Gekochte Kartoffeln

Donau-Waller im Wurzelsud

800 - 1000 g Wallerfilet	1 Stange Lauch (Porree)
Wurzelwerk aus: 1/4 Stück Sellerie	Salz
2 große gelbe Rüben (Möhren)	1 Lorbeerblatt, Thymian
	einige Pfefferkörner
1/2 Petersilienwurzel	1 Prise Zucker
1 Zwiebel	3 - 4 EL Weinessig

● Die Wallerfiletstücke kurz kalt abspülen und mit Küchenpapier abtrocknen.

● Sellerie, gelbe Rüben, Petersilienwurzel und Zwiebel schälen, waschen, würfeln oder in Scheiben schneiden. Den Lauch putzen, waschen und in Ringe zerteilen.

● Die Wallerfiletstücke zusammen mit dem vorbereiteten Wurzelwerk in einen größeren Topf geben.

● Salz, Lorbeerblatt, Thymian und zerstoßene Pfefferkörner hinzufügen. Zucker mit Essig mischen und darüber verteilen. Mit so viel Wasser auffüllen, daß die Fischstücke gerade bedeckt sind.

● Einmal leicht aufkochen, dann auf niedriger Stufe im geschlossenen Geschirr in 15 - 20 Minuten garziehen lassen.

● Die Fischstücke mit einer Schaumkelle herausheben, auf Tellern anrichten, etwas Sud darüber verteilen und sofort servieren.

Beilage:

Gekochte Kartoffeln

Mandel - Forellenfilets in Rieslingsoße

500 - 600 g Forellenfilets	100 g blättrig geschnittene Mandeln
Salz, weißer Pfeffer	
etwas Zitronensaft	30 g Butter, 100 ml Rahm
50 g Butter, 1 Zwiebel	50 g frische Champignons
100 - 125 ml trockener Weißwein (Riesling)	2 EL kalte Butter
	1 EL gehackte Petersilie

● Die gewaschenen und mit Küchenpapier abgetupften Forellenfilets vorsichtig salzen, pfeffern und mit etwas Zitronensaft beträufeln.

● Die Butter in einem größeren Bratgeschirr auslassen, feingehackte Zwiebel darin kurz andünsten. Die Fischfiletstücke auflegen, den Weißwein hinzugießen und alles zusammen auf niedriger Stufe in etwa 10 Minuten garziehen lassen.

● Inzwischen die Mandelblättchen in etwas Butter anrösten.

● Die fertigen Forellenfilets vorsichtig herausheben, auf eine vorgewärmte Platte geben und zum Warmhalten mit Alufolie abdecken.

● Die Weinsoße mit dem Rahm einkochen, blättrig geschnittene Champignons mitdünsten und zuletzt etwas kalte Butter einrühren. Nochmals mit Salz und Pfeffer abschmecken, dann mit frisch gehackter Petersilie würzen.

● Die Forellenfilets auf Tellern anrichten, mit den gerösteten Mandeln bestreuen und die Soße dazugeben.

Beilage:
Körniger Reis

Niederbayerisches Bierfleisch

700 - 800 g Rindfleisch aus dem Bug oder von der Keule	1 - 2 EL Mehl
	1/2 l helles o. dunkles Bier
150 g magerer Schinken	Salz, Pfeffer
1 große Zwiebel	1/2 Lorbeerblatt
	etwas Petersilie
60 g Butterschmalz	1 - 2 EL Essig, Zucker

● Das Fleisch kurz kalt abspülen und mit Küchenpapier trockentupfen. Fleisch und Schinken in Streifen oder Würfel schneiden.

● Die feingeschnittene Zwiebel in heißem Butterschmalz anrösten. Das Fleisch sowie den Schinken dazugeben und mitrösten. Mit Mehl bestäuben, kurz einbrennen lassen, mit Bier ablöschen, umrühren und kräftig würzen.

● Zugedeckt in ca. 45 Minuten weichdünsten.

● Kurz vor dem Servieren mit Essig und einer Prise Zucker abschmecken.

Beilage:
Knödel oder Nudeln

Knusprige Schweinshaxe

1 hintere Schweinshaxe von ca. 1 - 1,5 kg	2 gelbe Rüben (Möhren)
Salz, Pfeffer	1/4 Stück Sellerie
gemahlener Kümmel	etwa 1/2 l heißes Wasser
1 Knoblauchzehe	Bier oder Salzwasser zum Bestreichen
1 Zwiebel	

● Die Schweinshaxe kurz kalt abspülen und mit Küchenpapier gut trockentupfen. Nach Belieben mit einem scharfen Messer mehrmals einschneiden. Mit Salz, Pfeffer, Kümmel und eventuell zerdrücktem Knoblauch einreiben.

● Den Backofen auf 180 - 200°C vorheizen.

● Die Zwiebel schälen und achteln. Gelbe Rüben und Sellerie ebenfalls schälen und grob würfeln. Zusammen mit dem heißen Wasser in eine hitzebeständige Bratreine geben.

● Die Haxe daraufsetzen und offen, unter mehrmaligem Wenden in 1 1/2 - 2 Stunden knusprig braun braten.

● Kurz vor Ende der Bratzeit die Haxe mit Bier oder Salzwasser bestreichen und mit starker Oberhitze oder dem Grill kurz überkrusten.

● Die Bratreine herausnehmen, die Haxe auf einer Platte im Backofen warmhalten, den Fond durchseihen und noch etwas einkochen lassen. Abschmecken und separat zum Fleisch servieren.

Beilage:
Kartoffel- oder Semmelknödel und Krautsalat

Saftiger Schweinsbraten

1,5 kg Schweinsbraten aus der Schulter (mit Schwarte) oder vom Halsgrat (Nacken)	gemahlener Kümmel
	1 Knoblauchzehe
	1 Zwiebel, etwas Zwiebelschale
200 g kleingehackte Knochen	2 gelbe Rüben (Möhren)
	1/4 Stück Sellerie
Salz, Pfeffer	ca. 1/2 l heißes Wasser

● Den Braten kurz kalt abspülen und mit Küchenpapier gut trockentupfen. Mit Hilfe eines scharfen Messers die Schwartenseite (Schulterstück) karoförmig einschneiden. Die Knochen sehr gut abspülen und abtropfen lassen.

● Den Backofen auf 180 - 200°C vorheizen.

● Nun das Fleisch von allen Seiten gut würzen und mit gepreßtem Knoblauch einreiben. Mit der Fett- oder Schwartenseite nach unten in eine größere hitzebeständige Bratreine legen.

● Geschälte, geachtelte Zwiebeln, etwas Zwiebelschale, geschälte und

Fortsetzung siehe nächste Seite

kleingeschnittene gelbe Rüben sowie Sellerie und die Knochen dazugeben. Etwa 1/4 l heißes Wasser dazugießen, dann die Bratreine in das untere Drittel des heißen Backofens schieben. Die Bratzeit beträgt etwa 2 - 2 1/4 Stunden.

● Nach der Hälfte der Zeit den Braten wenden, nochmals heißes Wasser hinzufügen und den Braten gelegentlich mit der Soße begießen.

● Die Bratreine herausnehmen und den Braten auf einer Platte im Backofen warmstellen.

● Den Bratenfond lösen, mit etwas Wasser aufkochen, in einen Soßentopf abseihen, etwas entfetten und einkochen.

● Das Fleisch in Scheiben schneiden, auf einer Platte anrichten, mit etwas Soße überziehen und die restliche Soße separat dazu servieren.

Beilagen:

Knödel, Sauerkraut, Blaukraut (Rotkohl) oder Krautsalat

Unser Tip:

Die Zwiebelschale gibt der Soße eine schöne Bräunung. Denoch muß der Braten zwischendurch immer wieder beobachtet werden. Wichtig ist es, rechtzeitig das Wasser anzugießen. Es darf jedoch nicht zu viel hinzugefügt werden, sonst wird die Soße zu hell.

Interessant für Sie:

Der Schweinsbraten ist in Bayern sehr geschätzt. Man ißt ihn am liebsten mit einer klaren, sehr kräftigen Soße, die auch etwas fettig sein darf. Gebunden wird sie jedoch keinesfalls. Knoblauch als Gewürz ist erlaubt, man kann das Fleisch auch mit halbierten Zehen spicken.

Variation:
Gebratenes Wammerl

Mit „Wammerl" wird in Bayern das durchwachsene Bauchfleisch vom Schwein bezeichnet. Es kann ebenso wie der Schweinsbraten im Backofen zubereitet werden. Da es flacher ist, erhöht man die Temperatur auf 200 - 220°C. 1 1/2 kg sind in etwa 1 1/2 - 3/4 Stunden fertig. Besonders geschätzt ist die knusprige Kruste. Zum „Wammerl" passen Knödel oder Salzkartoffeln, Gemüse oder verschiedene Salate.

Münchner Tellerfleisch mit Meerrettich-Soße

1 kg Rinderbrust oder -schulter oder ein Tafelspitzstück
500 g Rinderknochen
2 l Wasser
1 Bund Suppengrün
Salz, Pfefferkörner, 1 Lorbeerblatt
Soße: 3 EL frisch geriebener Meerrettich
1 TL Zitronensaft
50 g Butter
2 - 3 EL Mehl
1/8 l Milch
Salz, 1 Prise Zucker

● Das Fleisch und die Knochen waschen, dann mit Küchenpapier trockentupfen.

● Die Knochen in kaltem Wasser aufsetzen, aufkochen und abgießen. Nochmals in den Topf zurückgeben, aufkochen und das Fleisch einlegen. Eventuell abschäumen.

Das Suppengrün putzen und kleinschneiden. Mit den Gewürzen zum Fleisch geben.

● Auf niedriger Stufe leicht „köchelnd" in etwa 2 - 2 1/2 Stunden garen.

● Für die Soße zunächst den frisch geriebenen Meerrettich mit Zitronensaft beträufeln. In einem

kleinen Topf mit etwas Brühe andünsten. Die Butter in einer kleinen Pfanne schmelzen, das Mehl darin anschwitzen, die Milch hinzufügen, würzen und zuletzt den Meerrettich einrühren.

● Das Rindfleisch quer zur Faser in ca. 1 cm dicke Scheiben schneiden, auf Tellern anrichten, etwas Kochflüssigkeit daraufgeben und servieren. Die Soße separat dazu reichen.

Beilagen:

Salzkartoffeln, etwas frische Petersilie, Essiggurken, kräftiges Bauernbrot

Geschmortes Kalbsherz aus Niederbayern

1 Kalbsherz (800 g)	Salz, Pfeffer
250 g geputzter Lauch (Porree)	30 g Butter
1/4 Stück Sellerie	1/4 l trockener Weißwein
5 EL Butterschmalz	200 ml saurer Rahm
	1 EL gehackte Petersilie

● Das Kalbsherz gründlich waschen, mit Küchenpapier trockentupfen, längs vierteln und sorgfältig von Fett, Sehnen sowie Knorpeln befreien.

● Den Lauch waschen, abtropfen lassen und in Ringe schneiden. Die Sellerie schälen, waschen und stifteln.

● Das Butterschmalz in einer Pfanne erhitzen, die mit Salz und Pfeffer gewürzten Kalbsherzscheiben auf beiden Seiten anbraten, herausnehmen und übriges Fett abschütten.

● Butter in die Pfanne geben, den Lauch darin kurz andünsten, mit Wein aufgießen die Kalbsherzscheiben auflegen und etwa 5 - 10 Minuten dünsten.

● Dann die Kochstelle herunterschalten, den sauren Rahm unterziehen, nochmals abschmecken und das Gericht, mit gehackter Petersilie bestreut, servieren.

Beilage:

Salzkartoffeln oder Kartoffelpüree

Kalbsnierenbraten

1,2 kg Kalbsnierenbraten	1 Lorbeerblatt
1 Bund Wurzelwerk (Suppengemüse)	1 Prise Paprikapulver
Salz, Pfeffer	1 geh. TL Speisestärke
1 Zwiebel	80 g Butterschmalz
	3/8 l Fleischbrühe

● Das Fleisch kurz kalt abspülen und mit Küchenpapier trockentupfen. Würzen. Das Wurzelwerk putzen und grob zerkleinern. Die Zwiebel schälen und hacken. Das Fleisch in einer Bratreine von allen Seiten anbraten, das Wurzelwerk und die Zwiebel dazugeben und mitbraten lassen.

● Mit der Hälfte der Brühe aufgießen, Lorbeerblatt und Paprikapulver zugeben. Bei 180 - 200°C 2 Stunden im Backofen braten. Dabei nach und nach die restliche Brühe über das Fleisch geben.

● Den Braten aufschneiden und auf einer vorgewärmten Platte anrichten. Abdecken.

● Den Fond loskochen, passieren, mit der in kaltem Wasser angerührten Speisestärke binden und abschmecken. Die Soße separat zum Braten reichen.

Gefüllte Kalbsbrust Alt Münchner Art

2 kg Kalbsbrust (vom Metzger eingeschnitten)	80 g vorgekochte Erbsen
2 TL Salz, 1 TL weißer Pfeffer	150 - 200 g Kalbsleber
	1 - 2 EL Semmelbrösel (Paniermehl) nach Bedarf
Füllung: 4 - 5 altbackene Semmeln	Zum Braten: Rosenpaprika
2 Eier	
4 EL Rahm, gut 1/4 l Milch	50 g Butterschmalz
Salz, Pfeffer, Muskat	1 Zwiebel, geviertelt
abgeriebene Schale 1/2 unbehandelten Zitrone	1 gelbe Rübe (Möhre), geviertelt
1 größere Zwiebel	1/2 l heiße Fleischbrühe
3 EL gehackte Petersilie	5 EL trockener Weißwein
20 - 30 g weiche Butter	2 EL Sauerrahm

● Die vom Metzger eingeschnittene Kalbsbrust kalt abspülen und mit Küchenpapier trockentupfen. Innen und außen würzen.

● Für die Füllung die Semmeln kleinschneiden und in eine Schüssel geben. Eier mit Rahm, Milch, Gewürzen und der abgeriebenen Zitronenschale gut verquirlen. Gleichmäßig über die Semmeln gießen.

● Die Zwiebel schälen, fein hacken und mit der Petersilie in der Butter andünsten. Etwas abkühlen lassen, dann zur Semmelmischung geben. Alles gut verkneten. Zuletzt die Erbsen und die gewaschene, gut abgetropfte, in Würfel geschnittene Leber untermischen.

● Etwa 30 Minuten lang durchziehen lassen und die Füllung bei Bedarf noch mit Semmelbröseln abbinden.

● Den Backofen auf 200 - 220°C vorheizen.

● Die Kalbsbrust nicht zu fest füllen und zunähen. Auf allen Seiten mit Paprika würzen.

● Das Butterschmalz in einer großen Bratreine erhitzen, das Fleisch anbraten, Zwiebel und gelbe Rübe dazugeben und heiße Fleischbrühe angießen. Die Bratreine in den Backofen schieben, die Temperatur auf 180 - 200°C herunterschalten und die Kalbsbrust unter mehrmaligem Begießen in 2 - 2 1/2 Stunden fertigbraten.

● Nach Ablauf der Bratzeit auf einer Platte im Backofen ruhen lassen. Den Fond mit der restlichen Brühe aufkochen, durchpassieren, mit Wein abrunden und etwas einkochen lassen.

● Zuletzt den Sauerrahm unterziehen. Die Naht entfernen, den Braten aufschneiden und die Soße separat dazu servieren.

Beilagen:

Kartoffelknödel aus gekochten Kartoffeln, Rapunzel (Feldsalat) oder grüner Salat.

Ripperl im Brotteig

1,5 kg gepökeltes und geräuchertes Ripperl (Kasseler)	1/4 Stück Sellerie
	1/2 Petersilienwurzel
	1/2 Bund Petersilie
2 l Wasser	1,5 kg dunkler Brotteig (selbstgemachter oder vom Bäcker gekaufter Sauerteig)
250 g Wurzelwerk, z.B.	
1 - 2 Zwiebeln	
1 Stange Lauch (Porree)	
1 - 2 gelbe Rüben	2 Eigelb
	2 EL Milch

● Das Ripperl in einen großen Topf geben und mit reichlich heißem Wasser begießen. Grobgeschnittenes, geputztes und gewaschenes Wurzelwerk dazugeben und zugedeckt ca. 1 Stunde leicht köcheln lassen. Herausnehmen und mit Küchenpapier gut trockentupfen. Abkühlen lassen.

● Den Brotteig auf einer bemehlten Arbeitsfläche ca. 1 cm dick zu einem Rechteck ausrollen. Das Ripperl darauflegen und zuerst die beiden Längsseiten, dann die beiden Schmalseiten so darüberschlagen, daß das Ripperl ganz eingerollt ist. Den Teig mit einer Gabel mehrmals einstechen.

● Das Ripperl auf ein mit Backpapier ausgelegtes Backblech geben. Eigelb mit Milch verquirlen und den Brotteig damit bestreichen. Ca. 30 Minuten gehen lassen. Backzeit: Ca. 2 Stunden bei 170 - 190°C. Abkühlen lassen und aufschneiden.

Beilage:
Meerrettichrahmsoße, Salat.

Unser Tip:
Zum „Ripperl im Brotteig" paßt am besten ein saftiger Krautsalat mit Speck. Das passende Rezept finden Sie auf der Seite 44.

Gebratener „Rehschlegel"
(Rehkeule)

Weinbeize:

1/4 l trockener Rotwein

4 - 5 EL Obstessig

100 ml Öl

1 Lorbeerblatt

5 - 6 Wacholderbeeren

einige Pfefferkörner

Zum Braten:

1,5 kg Rehschlegel

Salz, Pfeffer

Wacholderbeeren

50 - 60 g Butterschmalz

1 Zwiebel

150 g kleingeschnittenes Wurzelgemüse (gelbe Rübe, Sellerie, Lauch)

abgeriebene Schale 1/2 unbehandelten Zitrone

2 EL Preiselbeeren

Thymian, 1 Prise Zucker

etwas Sauerrahm

● Die Zutaten für die Beize in einer größeren Schüssel mischen. Den Rehschlegel kalt abspülen, trockentupfen und für etwa 2 Tage in der Beize marinieren. Kühl stellen.

● Zum Braten das Fleisch aus der Beize nehmen, gut abtropfen lassen, mit Salz, Pfeffer sowie den zerstoßenen Wacholderbeeren würzen.

● Das Butterschmalz in einer größeren Bratreine heiß werden lassen, das Wurzelwerk und den Rehschlegel hineingeben und anbraten. Mit etwas Beize aufgießen.

● Das Backrohr auf 160 - 180°C vorheizen, den Braten einschieben und in etwa 1 - 1 1/2 Stunden unter mehrfachem Begießen zubereiten.

● Anschließend den Schlegel herausnehmen und auf einer Platte im ausgeschalteten Backofen warmhalten.

● Den Fond mit etwas Wasser lösen, durchpassieren und unter Zugabe von Zitronenschale, Preiselbeeren, Thymian, Zucker und Sauerrahm zu einer pikanten Soße verrühren. Separat zum Fleisch servieren.

Beilagen:

Kartoffelknödel aus gekochten Kartoffeln und Apfelblaukraut

Bauernmastente mit Semmelfüllung

1 bratfertige Bauernmastente von etwa 2 kg	Füllung: 3 altbackene Semmeln (Brötchen)
Salz, Pfeffer, Majoran	2 Eier
etwa 1/2 l heißes Wasser	etwa 100 ml lauwarme Milch
Wurzelwerk aus: 1 kleine Stange Lauch (Porree)	Salz, Pfeffer, etwas Muskat
1/4 Stück Sellerie	2 gehackte Zwiebeln
1 Zwiebel	2 EL gehackte Petersilie
1 gelbe Rübe (Möhre)	20 g Butter

● Die Ente gründlich kalt abspülen und mit Küchenpapier trockentupfen. Außen mit Salz und Pfeffer einreiben, innen mit Majoran würzen.

● Für das Wurzelwerk den Lauch putzen. Sellerie, Zwiebel und gelbe Rübe schälen und grob zerteilen.

● Nun die Füllung vorbereiten. Hierzu die Semmeln kleinschneiden. Eier mit Milch sowie den Gewürzen verquirlen, über die Semmeln gießen und gut durchmischen. Zwiebeln und Petersilie in Butter andünsten, dazugeben. Alles gut vermischen und etwa 20 Minuten durchziehen lassen.

● Anschließend den Backofen auf 190 - 210°C vorheizen.

● Die Ente mit der Semmelmasse nicht zu prall füllen, damit die Füllung während des Bratens noch aufgehen kann, dann zunähen.

● Mit der Brustseite nach unten in eine mittelgroße Bratreine legen, etwas Wasser angießen und mit Wurzelwerk umlegen. Bei öfterem Begießen in etwa 1 1/2 - 2 Stunden offen braten. Zwischendurch einmal wenden.

● Nach Ablauf der Bratzeit die Ente herausnehmen, den gelösten Fond durchpassieren, nochmals aufkochen und abschmecken. Separat zur Ente servieren.

Beilagen:
Apfelblaukraut und Kartoffelknödel aus rohen Kartoffeln

Unser Tip:
Schnell und einfach verschließen Sie Geflügel mit der „Schnürsenkelmethode". Die Bauchöffnung wird dabei mit Zahnstochern durchstochen, die dann kreuzweise mit einem Bindfaden umwickelt werden. Nach dem Braten die Zahnstocher herausziehen und den Faden einfach abheben.

Allgäuer Kässpatzen

450 g Mehl, 5 - 6 Eier	175 g ger. Emmentaler
1 TL Salz, etwas Wasser	1/8 l Rahm
frisch gem. Pfeffer	4 Zwiebeln, 50 g Butter

● Mehl mit Eiern, Salz und etwas Wasser zu einem glatten Teig schlagen. Wenn er Blasen wirft, etwa 30 Min. ruhen lassen.

● Jeweils eine kleine Teigmenge mit einem Spatzenhobel oder einem Messer vom nassen Spätzlebrett direkt in kochendes Salzwasser schaben. Aufkochen, bis die Spätzle an die Oberfläche steigen, mit einem Schaumlöffel herausheben. Abgetropft in eine feuerfeste Form geben.

● Schichtweise mit Käse bestreuen und pfeffern. Zuletzt mit Rahm übergießen und im auf 180 °C vorgeheizten Backofen in ca. 15 Min. backen, bis der Käse schmilzt.

● Die geschälten, in Ringe geschnittenen Zwiebeln in der Butter rösten, über die Kässpatzen geben und sofort servieren.

Apfelblaukraut

1 fester Blaukrautkopf (Rotkohl) von ca. 1 kg	50 ml Weinessig
1 EL Butter- oder Schweineschmalz	50 ml Wasser
	Salz, Pfeffer, 1 Zwiebel
2 würzige Äpfel	2 - 3 Gewürznelken

● Vom Krautkopf die äußeren Blätter abnehmen, dann vierteln, den Strunk entfernen und in schmale Streifen schneiden.

● In einem größeren Topf das Schmalz erhitzen, geschälte und gehackte Zwiebel kurz andünsten. Äpfel schälen, vierteln, vom Kernhaus befreien

und würfeln, mit dem Kohl hinzufügen, umrühren, Flüssigkeit und Gewürze dazugeben.
● Einmal aufkochen, dann bei milder Hitze 1 - 1 1/2 Stunden garziehen lassen. Zwischendurch mehrmals umrühren und evtl. Flüssigkeit nachgießen.

Bayerisch Kraut

| 1 kg Weißkraut |
| 1 größere Zwiebel |
| 2 EL Butter- oder Schweineschmalz |
| 1/2 TL Zucker |
| 80 g durchwachsener, magerer Speck in Würfeln |
| 1 - 2 TL Kümmel |
| 300 ml Fleischbrühe |
| 2 EL Obst- o. Weinessig |

● Das Weißkraut putzen, die äußeren Blätter entfernen, vierteln, den Strunk herausschneiden und fein hobeln. Die Zwiebel schälen und fein hacken.
● Schmalz und Speckwürfel in einem größeren Topf erhitzen. Zwiebel mit Zucker und Kümmel mitrösten.
● Das Kraut dazugeben, würzen und unter beständigem Wenden gut andünsten. Mit Brühe aufgießen.
● Zugedeckt in 40 - 50 Minuten bei mittlerer Hitze weichgaren. Dabei gelegentlich umrühren. Mit Essig abschmecken.

Saftiges Weinkraut

| 1 kg Sauerkraut |
| 100 ml trockener Weißwein |
| Wasser, Salz, Pfeffer |
| 2 kleine Zwiebeln |
| 1 Lorbeerblatt |
| 1 Knoblauchzehe |
| 5 - 6 Pfefferkörner |
| 2 - 3 Wacholderbeeren |

● Das Kraut in einen Topf geben, Wein und so viel Wasser dazu, bis es knapp bedeckt ist. Geschälte, geachtelte Zwiebeln, Lorbeerblatt, gepreßte Knoblauchzehe, Pfefferkörner und Wacholderbeeren dazugeben.
● Im geschlossenen Topf 30 - 40 Minuten garen. Mit Salz und Pfeffer gewürzt servieren.

Krautsalat mit Speck

800 g Weißkraut (Weißkohl)	150 ml heiße Fleischbrühe
1 mittlere Zwiebel	4 EL Essig
Salz	4 EL Öl
100 g sehr magerer, durchwachsener Speck	Pfeffer
	1/2 - 1 EL Kümmel
etwas Butterschmalz	1 Prise Zucker

● Das Weißkraut putzen und fein hobeln. Die Zwiebel schälen und kleinhacken. Beides in eine große Schüssel geben, salzen und gut durchmischen. Etwas einziehen lassen.

● Den Speck sehr fein würfeln und in heißem Butterschmalz ausbraten. Mit der Brühe aufgießen, aufkochen lassen und über das Kraut geben.

● Aus Essig, Öl, Pfeffer, Kümmel und Zucker eine gut abgeschmeckte Marinade herstellen.

● Unter das Kraut mischen, und den Salat vor dem Servieren noch etwa 1 - 1 1/2 Stunden durchziehen lassen.

Schrobenhausener Spargel

1,2 kg Spargel, z. B. aus Schrobenhausen	ca. 1/8 l Öl
60 g Butter	2 EL trockener Weißwein
Salz, 1 Prise Zucker	Salz, Pfeffer
Soße:	2 EL gehackte Petersilie
4 Eier, 1 TL Senf	1 EL gehackter Schnittlauch
1 TL Zitronensaft	

● Den Spargel schälen, trockene oder holzige Enden abschneiden, waschen. In einen größeren, halbhohen Topf (oder Pfanne) legen und knapp mit Wasser bedecken. Butter, Salz und eine Prise Zucker dazugeben. 15 - 20 Minuten dünsten, dabei einmal wenden.

● In der Zwischenzeit die Eier hartkochen, abschrecken und schälen. Die Eigelb herauslösen, durch ein Sieb passieren und langsam mit dem Öl glattrühren. Zuletzt das grob gehackte Eiweiß untermischen.

● Den Spargel auf einer vorgewärmten Platte anrichten und die Soße separat dazu servieren.

Schwammerl in Rahm

1 kg gemischte Schwammerl (Pilze) z.B. Steinpilze, „Reherl" (Pfifferlinge), Rotkappen oder Champignons	80 g Butter
	200 ml Sauerrahm
	Salz, Pfeffer
	3 EL gehackte Petersilie
1 mittlere Zwiebel	frisch gepreßter Knoblauch nach Belieben

● Die Schwammerl putzen, die weichen Partien abschneiden, in ein Sieb geben und kräftig überbrausen. Gut abgetropft, je nach Größe, in Stücke schneiden.

● Die Zwiebel schälen, fein hacken und in einem größeren Topf in Butter glasig dünsten.

● Die Schwammerl dazugeben und etwa 10 Minuten dünsten lassen.

Dann den Sauerrahm einrühren, kräftig würzen, mit Petersilie und nach Belieben mit Knoblauch abrunden. Noch einige Minuten auf niedriger Stufe fertiggaren lassen, dabei gelegentlich umrühren.

Unser Tip:

In Bayern serviert man dieses Gericht mit einem Semmelknödel.

Radi-Radieserl-Salat

1 Radi (Rettich) von etwa 350 g	je 1 Prise Pfeffer und Zucker
1 Bund Radieserl (Radieschen) mit etwa 200 g	2 EL Öl
1 Gurke	3 EL Sauerrahm oder Salat-Creme
Marinade: 2 EL Essig	
1/4 TL Salz	gehackte Haselnüsse nach Belieben

- Den Radi schälen, waschen, mit Küchenpapier trockentupfen und sehr grob raffeln.

- Die Radieserl putzen, gründlich waschen und mit der gewaschenen, ungeschälten Gurke in hauchdünne Scheiben schneiden. In eine Salatschüssel geben.

- Für die Marinade Essig mit Gewürzen mischen und das Öl darunterschlagen. Hierzu am besten einen Schneebesen verwenden. Zuletzt den Sauerrahm oder die Salatcreme untermischen, zum Salat geben, durchmischen und nach Belieben mit gehackten Haselnüssen bestreuen.

Rote Rüben-Salat unterfränkische Art

| 1 kg Rote Rüben (Rote Beete) |
| Salzwasser, 2 - 3 TL Anis |
| Marinade: |
| 6 EL Essig, 2 EL Wasser |
| 1/4 - 1/2 TL Salz |
| weißer Pfeffer |
| 1 Prise Zucker, 4 EL Öl |

- Die Rüben putzen, gründlich waschen und in einem großen Kochtopf in reichlich gesalzenem Wasser in ca. 45 - 60 Minuten weichkochen. Abgießen, etwas auskühlen lassen, dann schälen und in dünne Scheiben schneiden oder hobeln. In eine Schüssel geben und mit Anis bestreuen.
- Für die Marinade alle Zutaten verrühren, über die noch warmen Rüben geben, durchmischen und ziehen lassen. Vor dem Servieren nochmals abschmecken.

Interessant für Sie:
Die Roten Rüben bezeichnet man auch als „Rahnen" oder „Rannen".

Allgäuer Krautkrapfen

Teig:
300 g Mehl, 2 Eier
Salz, ca. 3 - 4 EL Wasser

Füllung:
2 Zwiebeln, 40 g Butter
500 g Sauerkraut

1 kleines Lorbeerblatt
gem. Kümmel, Pfeffer
3 zerdr. Wacholderbeeren
125 g Geräuchertes
50 g Butterschmalz
1/8 l Brühe

● Das Mehl in eine Schüssel sieben, eine Vertiefung eindrücken, Salz, Eier und Wasser zugeben und mit dem elektrischen Handquirl zu einem geschmeidigen Teig verkneten. Zugedeckt

ca. 30 Min. ruhen lassen.
● Für die Füllung die geschälten, kleingehackten Zwiebeln in Butter rösten, Kraut, Gewürze, würfelig schnittenes Geräuchertes dazugeben und kurz durchkochen. Abkühlen lassen.
● Den Nudelteig auf einem bemehltem Backbrett dünn ausrollen, mit der Fülle belegen und wie einen Strudel aufrollen. Davon ca. 6 cm dicke Stücke abschneiden. In einer großen Pfanne im erhitzten Butterschmalz unter Zugabe von etwas Brühe in ca. 30 Min. goldbraun zubereiten.

Warmer Kartoffelsalat

1 kg festkochende Salatkartoffeln	Salz, Pfeffer
	1 Prise Zucker
gut 250 ml kräftig abgeschmeckte, heiße Fleischbrühe	4 - 5 EL Öl
	2 feingeschnittene Zwiebeln
Marinade:	Senf nach Belieben
4 - 5 EL Essig	Schnittlauch

● Die gewaschenen Kartoffeln mit der Schale kochen, pellen und etwas abkühlen lassen. Noch warm in Scheiben schneiden und mit etwas Brühe übergießen.
● Für die Marinade den Essig mit den Gewürzen verrühren, dann erst das Öl unterschlagen. Die Zwiebeln dazugeben, Senf nach Belieben einrühren und mit der restlichen Brühe mischen. Zu den Kartoffeln geben, gut unterheben und durchziehen lassen. Mit frisch gehacktem Schnittlauch garniert servieren.
Variation:
Kartoffel - Rapunzelsalat
2/3 Kartoffeln werden hierzu mit 1/3 geputztem, gewaschenem Rapunzel (Feldsalat) gemischt und genauso – eventuell mit weniger Brühe – angerichtet.
Beide Salate schmecken auch gut, wenn noch 70–80 g magerer, durchwachsener Speck, in Würfeln geschnitten und dann ausgebraten, darüber gestreut wird.

Semmelknödel

8 - 10 altbackene Semmeln (Brötchen) oder eine entsprechende Menge Knödelbrot	1/2 Zwiebel, gehackt
	1/2 Bund Petersilie, gehackt
250 ml lauwarme Milch	40 g Butter, 4 - 5 Eier
	2-3 EL Mehl
Salz, Pfeffer, Muskat	3 l Salzwasser

● Die Semmeln blättrig schneiden und in eine Schüssel geben. Die Milch mit den Gewürzen mischen und darüber verteilen, umrühren und etwa 20 - 30 Minuten durchziehen lassen.

● Die Zwiebel in heißer Butter glasig dünsten, Petersilie dazugeben, mitdünsten und dann zu den Semmeln geben. Eier mit Mehl verquirlen, ebenfalls hinzufügen und alles zu einer geschmeidigen Masse verarbeiten.

● Mit nassen Händen gleichmäßig große Knödel formen, diese in kochendes Salzwasser legen, die Kochstelle herunterschalten und die Knödel in ca. 15 Minuten garziehen lassen.

● Mit Hilfe eines Schaumlöffels herausheben und sogleich servieren.

Fingernudeln

400 g vorwiegend festkochende Kartoffeln	etwas Milch
	Mehl zum Ausrollen
1 Ei	
150 g Mehl, 1 Prise Salz	80 - 100 g Butterschmalz
Pfeffer, frisch gemahlene Muskatnuß	2 EL gehackte Petersilie

● Die Kartoffeln waschen, in der Schale kochen, abschälen, abkühlen lassen, dann fein reiben oder durchpressen. Gut durchkühlen lassen.

● Ei, Mehl sowie Gewürze hinzugeben und unter Zugabe von etwas Milch oder Wasser zu einem festen Kartoffelteig verkneten.

● Diesen etwa 15 Minuten rasten lassen, dann auf bemehlter Arbeitsfläche zu einer etwa 3 cm dicken Rolle formen und davon 1 cm dicke Scheiben abschneiden. Aus den einzelnen Scheiben fingerlange Nudeln formen und portionsweise in reichlich kochendes Salzwasser geben. So lange garen, bis sie an die Oberfläche steigen.

● Mit einem Schaumlöffel herausheben, kalt überbrausen und gut abtropfen lassen.

● In heißem Butterschmalz rundherum goldbraun abschmalzen. Mit gehackter Petersilie bestreut servieren.

Unser Tip:

Man kann beim Abschmalzen der Fingernudeln geriebenen Käse darüberstreuen und alles zusammen knusprig braun braten. Diese Variation ist vor allem im Allgäu sehr beliebt.

Kartoffelknödel aus rohen Kartoffeln

2 kg mehlige Kartoffeln	2 Semmeln (Brötchen), gewürfelt und in 3 EL Butter geröstet
Salz, frisch geriebene Muskatnuß	
etwas Stärkemehl	ca. 3 l Salzwasser zum Kochen, mit etwas Stärkemehl vermischt
1/4 l heiße Milch	
1 Eigelb nach Belieben	

● 500 g Kartoffeln schälen, vierteln und wie Salzkartoffeln kochen. Die restlichen 1,5 kg ebenfalls schälen, waschen, fein reiben, auf ein Küchentuch geben und kräftig auspressen.

● Die gekochten Kartoffeln abgießen, durchpressen und mit den geriebenen in eine große Schüssel geben. Würzen, etwas Stärkemehl darübersieben, mit heißer Milch übergießen und sofort zu einem weichen

Teig verkneten. Hierzu am besten den Elektroquirl einsetzen. Zuletzt das Eigelb nach Belieben einarbeiten.

● Davon einen kleinen Probeknödel in mit Stärkemehl gemischtem Salzwasser kochen. Sollte er zu weich werden, so muß die Kartoffelmasse noch mit Stärkemehl abgebunden werden.

● Mit nassen Händen nun große Knödel formen, dabei mehrere Semmelwürfelchen in die Mitte drücken und den Knödel nachformen.

● In das kochende Salzwasser geben, dann die Kochstelle herunterschalten und die Knödel leicht siedend in 20 - 25 Minuten garziehen lassen.

● Die Knödel mit einem Schaumlöffel herausnehmen und sofort servieren.

Kartoffelknödel aus gekochten Kartoffeln

1 kg mehlige Kartoffeln	1 Semmel (Brötchen), gewürfelt und in 2 EL Butter geröstet
200 - 250 g Stärkemehl	
1 TL Salz	
frisch geriebene Muskatnuß	3 l Salzwasser zum Kochen, mit etwas Stärkemehl vermischt
ca. 3/8 l heiße Milch	

● Die Kartoffeln waschen, in der Schale kochen, abpellen, durchpressen und mit Stärkemehl, Salz und Muskat vermischen. Die heiße Milch dazugeben und alles gut verkneten, dazu am besten den Elektroquirl einsetzen. Wie im Rezept für „Kartoffelknödel aus rohen Kartoffeln" beschrieben, die Knödel formen und etwa 15 - 20 Mintuen garziehen lassen. Mit dem Schaumlöffel herausheben und sofort servieren.

Unser Tip:
Lassen Sie die fertig gekochten Knödel nicht allzu lange im Wasser liegen, sonst werden sie fest.

Fränkischer Apfelschnee

1 kg Äpfel, z.B. Delicious	ausgeschabtes Mark 1/2 Vanilleschote
1/4 l Wasser	1 Pa Vanillezucker
1/4 l trockener Weißwein	1/2 - 1 TL Zimt, 1 EL Rum
2 TL Zitronensaft, 3 Eiweiß	200 ml Rahm (süße Sahne)
2 TL Zitronensaft	1 EL Zucker
125 g Zucker	

● Die Äpfel waschen, schälen, mit einem Apfel - Ausstecher das Kernhaus entfernen, und in einen größeren Topf setzen. Wasser mit Zucker, Wein und Zitronensaft mischen und die Äpfel darin garkochen. Herausheben, etwas abkühlen lassen, dann durch ein Sieb passieren oder in der Küchenmaschine pürieren. Völlig erkaltet im Kühlschrank durchziehen lassen.

Eiweiß mit Zitronensaft und Zucker, Vanillemark, sowie Vanillezucker, schnittfest schlagen.

● Nach und nach den kalten Apfelbrei, Zimt und Rum hinzugeben, dabei kräftig schlagen, bis die Masse schaumig und glänzend ist.

● Gut gekühlt, in Gläsern angerichet, mit geschlagenem Rahm garniert servieren.

Altbayerisches Bauernmus (Grießbrei)

1 l Milch, 1 Msp. Salz	20 - 30 g kalte Butter
etwas abgeriebene Schale 1 unbehandelten Zitrone	2 Eigelb, 2 EL Zucker
	2 Eiweiß
20 - 30 g Butter	2 - 3 EL Zucker, gemischt mit 1/2 - 1 TL Zimt
100 g feiner Grieß	

● In einem hohen Kochtopf Milch mit Salz, Zitronenschale und Butter aufkochen. Den Grieß langsam, unter beständigem Rühren einrieseln und auf niedriger Stufe in ca. 10 Minuten ausquellen lassen.

● Kalte Butter und mit Zucker verquirlte Eigelbe unterrühren. Steifgeschlagenes Eiweiß unterziehen und das Mus, mit Zimtzucker bestreut, warm servieren.

Reiberdatschi (Reibekuchen)

1 kg mehlige Kartoffeln	geriebene Muskatnuß
2 - 3 Eier, 2 - 3 EL Mehl	100 g Butter- oder Schweineschmalz zum Ausbacken
1/2 - 1 TL Salz	

● Die Kartoffeln schälen und fein reiben. Eier mit Mehl sowie Gewürzen verrühren, sofort dazugeben und alles gut vermischen.

● In einer größeren Pfanne das Schmalz heiß werden lassen, die Kartoffelmasse löffelweise hineingeben, flach und rund ausbreiten. Auf beiden Seiten langsam braun und knusprig braten. Heiß servieren.

Unser Tip:
Wichtig ist, die Reiberdatschi langsam zu braten, damit die Kartoffelmasse genügend Zeit zum Garwerden hat.

Apfelkücherl im Bierteig

4 mittelgroße Äpfel	1 EL Öl
Saft von 1 Zitrone	1/4 helles Bier
2 EL Rum	2 Eiweiß
Backteig: 175 g Mehl	500 g Butterschmalz zum Ausbacken
1 Msp Salz	75 g Mehl zum Wenden
75 g Zucker	Zucker oder Puderzucker zum Bestreuen
2 Eigelb	

● Die Äpfel waschen, schälen, mit einem Apfel-Ausstecher das Kerngehäuse vollständig entfernen, dann die Äpfel in ca. 1 cm dicke Scheiben schneiden. In eine Schüssel legen und sofort mit Zitronensaft und Rum beträufeln, damit sie nicht braun werden.

● Das Mehl in eine Rührschüssel sieben. Salz, Zucker und Eigelb hinzufügen. Unter Zugabe von Öl und Bier zu einem geschmeidigen Teig verrühren. Die Eiweiße steif schlagen und unterziehen.

● Das Butterschmalz erhitzen, die Apfelscheiben in Mehl wenden, durch den Backteig ziehen und schwimmend von jeder Seite in 1 - 2 Minuten goldgelb backen.

● Die Apfelringe mit Hilfe eines Schaumlöffels herausheben, auf Küchenpapier abtropfen lassen, mit Zucker oder Puderzucker bestreuen und warm servieren.

Variation:

Je nach Jahreszeit können Sie den Backteig auch für andere Spezialitäten, beispielsweise „Hollerblüten" (Holunderblüten), Zwetschgen (Pflaumen), Schwammerl (Pilze) oder Kletzen (Birnen) verwenden.

Unser Tip:

Möchten Sie die Kücherl für Kinder zubereiten, so können Sie das Bier oder den Rum durch mit Mineralwasser gemischten Apfelsaft ersetzen.

Dampfnudeln mit Vanillesoße

1/2 Menge Hefeteig wie für Rezept „Rohrnudeln"	Vanillesoße:
	3/8 l Milch, 1 Prise Salz
40 - 50 g Butter	ausgeschabtes Mark 1 Vanilleschote
2 EL Zucker	4 Eigelb, 60 g Zucker
etwa 170 ml Milch	3 EL Rahm

● Für die Zubereitung der Dampfnudeln einen größeren, halbhohen Topf oder eine Pfanne, jeweils mit gut schließendem Deckel, bereitstellen.

● Nun den Hefeteig, wie im Rezept „Rohrnudeln" beschrieben, in halber Menge (ohne Füllung) zubereiten und in 8 gleichgroße „Nudeln" (Stücke) teilen. Diese von Hand rund formen und nochmals, mit einem Küchentuch abgedeckt, gehen lassen.

● Im Geschirr Butter mit Zucker und Milch erwärmen. Die Nudeln einlegen.

● Bei langsam stärker werdender Hitze im geschlossenen Gefäß zum Kochen bringen, dann die Kochstelle herunterschalten und auf niedriger Stufe etwa 30 Minuten lang garen, bis die Flüssigkeit von den Nudeln aufgesogen ist. Dabei den Deckel nicht abnehmen.

● Inwischen die Vanillesoße zubereiten. Hierzu die Milch mit Salz und Vanille aufkochen. In einem weiteren Kochtopf Eigelb und Zucker mit Hilfe eines Schneebesens schaumig rühren und leicht erwärmen. Nach und nach die Vanillemilch hinzugeben und dabei beständig weiterrühren, bis die Masse cremig ist. Von der Kochstelle nehmen, den Rahm dazugeben und sofort in eine Sauciere umfüllen.

● Die Dampfnudeln von der Kochstelle nehmen, etwas stehen lassen, den Deckel abheben und die Nudeln mit Hilfe eines Kochlöffels lösen. Mit der knusprigen Seite nach oben auf Tellern anrichten und sofort, zusammen mit der Vanillesoße, servieren.

Fortsetzung nächste Seite

Unser Tip:

Sind die Dampfnudeln fertig, so sollte man den Deckel langsam vom Gefäß abheben, damit der Dampf nicht auf einmal entweicht und die Nudeln möglicherweise zusammenfallen. Es ist nicht einfach, das Garzeitende zu erkennen. Erfahrene sagen: „Dies muß man hören". Wenn es nach etwa 30 Minuten „knistert" und nach Karamel duftet, dann sind sie gerade richtig.

Interessant für Sie:

Die knusprige Kruste der Dampfnudel nennt man in Bayern auch „Ramerl".

Rohrnudeln

| 500 g Mehl, Salz |
| 30 g Hefe |
| ca. 150 ml lauwarme Milch |
| 50 - 75 g Zucker |
| 1 EL Vanillezucker |
| 1 Ei, 80 g weiche Butter |
| etwas abgeriebene Zitronenschale |
| 100 g Butter zum Backen |
| Konfitüre oder Zwetschgenmus (Pflaumenmus) zum Füllen |

● Mehl mit Salz in eine Rührschüssel sieben, in die Mitte eine Mulde eindrücken, Hefe zerbröckeln, in die Mulde geben, die Milch darüber verteilen und mit etwas Mehl und Zucker verrühren. Zugedeckt an einem warmen Ort ca. 20 - 30 Minuten gehen lassen. Vanillezucker, Butter, Zitronenschale und Ei hinzugeben und zu einem weichen Teig verarbeiten, der sich gut vom Schüsselrand lösen muß.

● Den Teig auf bemehlter Arbeitsfläche ca. 2 cm dick ausrollen, in Quadrate schneiden, darauf je 1 Teelöffel Konfitüre oder Zwetschgenmus geben und zusammenfassen.

● Bratreine oder hitzebeständige Auflaufform mit etwas Butter ausstreichen und die Nudeln mit der glatten Seite nach oben nebeneinander hineinsetzen. Abgedeckt nochmals 15 - 20 Minuten gehen lassen. Anschließend mit der Butter bestreichen und in den heißen Backofen

setzen. 30 - 45 Minuten backen, zwischendurch nochmals mit Butter bestreichen.

Wenn die Oberfläche schön hellbraun geworden ist, sind die Rohrnudeln fertig.

Apfelstrudel

Teig:
200 g Mehl

1 Ei

1 EL Öl, Salz

ca. 60 - 80 ml Wasser

Füllung:
70 g Rosinen

2 EL Rum

50 g Butter

1 1/2 kg säuerliche Äpfel

100 - 120 g Zucker, etwas Zimt

80 - 100 g Semmelbrösel (Paniermehl)

ca. 100 g Butter

Puderzucker z. Bestreuen

● Das Mehl in eine Schüssel sieben. In die Mitte eine Mulde eindrücken. Das Ei hineinschlagen, Öl und Salz hinzufügen. Zu einem glatten Teig verkneten. So viel Wasser hinzufügen, bis der Teig von mittelfester Konsistenz ist. Von Hand so lange weiterkneten, bis er „seidig" glänzt. Ca. 30 Minuten ruhen lassen.

● Für die Füllung die Rosinen mit Rum beträufeln und ziehen lassen. Die Äpfel schälen, vierteln, vom Kerngehäuse befreien und in dünne Scheiben schneiden. Zucker mit Zimt gemischt darüber streuen.

● Auf einem Tisch ein großes Tuch ausbreiten. Mit Mehl bestreuen. Den Teig darauf sehr dünn ausrollen und langsam

von Hand nach außen ziehen. Die dickeren Teigenden wegschneiden.

● Den Backofen vorheizen.

● Das Backblech fetten. Den Teig mit Semmelbröseln bestreuen und zu 2/3 mit Äpfeln auslegen. Darüber die Rosinen geben. Die seitlichen Teigränder einschlagen. Den Strudel mit Hilfe des Tuches aufrollen und auf das Backblech gleiten lassen. Mit Butter bepinseln.

● Bei 200 - 220° C ca. 40 - 50 Minuten backen. Ab und zu mit Butter bestreichen. Mit Puderzucker bestreut servieren.

Altbayerischer Topfenstrudel

Teig:
350 g Mehl, 1 Prise Salz

1 Ei

2 - 3 EL flüssige Butter

100 ml warmes Wasser

1 EL Öl

Füllung:
2 Eiweiß

50 g weiche Butter

2 Eigelb, 100 g Zucker

1 Pa Vanillezucker

500 g Topfen (Quark, 20%)

100 ml Rahm

125 g Rosinen, 200 g Äpfel

Saft 1/2 Zitrone

Butterschmalz z. Einfetten

60 g flüssige Butter

Puderzucker z. Bestäuben

● Den Strudelteig, wie im Rezept „Apfelstrudel" (S. 60) beschrieben, zubereiten und mit Öl bestrichen etwa 30 Minuten ruhen lassen.

● Inzwischen die Füllung vorbereiten. Hierzu Eiweiß steif schlagen und kühl stellen. Butter mit Eigelb, Zucker, sowie Vanillezucker schaumig schlagen. Nach und nach den gut abgetropften Topfen und den Rahm untermischen. Rosinen sowie geschälte, entkernte und kleingewürfelte Äpfel und den Zitronensaft einrühren.

● Eine größere, feuerfeste Form oder das Backblech einfetten und den Backofen auf 180 - 200°C vorheizen.

● Auf einem Tisch ein großes Backtuch ausbreiten und mit Mehl bestreuen. Den Teig auf dieser Fläche dünn ausrollen und von Hand langsam nach außen ziehen. Die dickeren Teigenden gegebenenfalls wegschneiden.

● Den Eischnee unter die Topfenmasse geben und diese auf dem Strudelteig verteilen. Dabei am Rand Platz lassen. Die Ränder einschlagen, den Strudel mit Hilfe des Tuches aufrollen und in die Form oder auf das Backblech gleiten lassen. Mit etwas Butter bestreichen, dann ca. 50 - 60 Minuten backen. Zwischendurch die restliche Butter darüberpinseln.

● Den fertigen Strudel herausnehmen, etwas 20 Minuten ausdampfen lassen, dann aufschneiden und mit reichlich Puderzucker bestreut servieren.

Zwetschgen-Pavesen

5 - 6 altbackene Semmeln (Brötchen)	1 Prise Salz
200 g dickes Zwetschgen (Pflaumen) - Mus	100 - 150 g Semmelbrösel (Paniermehl)
80 g Mehl	80 - 100 g Butterschmalz zum Ausbacken
150 ml Milch	Zimtzucker (5 EL Zucker, 1/2 TL Zimt) z. Bestreuen
2 Eier, 2 EL Rahm	

● Die Semmeln rundum abreiben und in Scheiben schneiden. Eine Hälfte mit Zwetschgenmus bestreichen, mit je einer unbestrichenen Scheibe zusammensetzen und leicht andrücken. Von beiden Seiten in Mehl wenden, dann gleichmäßig mit Milch beträufeln und durchziehen lassen.

● Inzwischen das Butterschmalz in einer größeren Pfanne erhitzen und die Eier mit dem Rahm sowie Salz gut verquirlen.

● Die Brotscheiben erst darin, dann in den Semmelbröseln panieren und sofort bei mittlerer Hitze goldbraun ausbacken.

● Mit Zimtzucker bestreuen und warm servieren.

Interessant für Sie:

Die Zwetschgen-Pavesen werden vor allem im Chiemgau gerne zum Kirchweihfest serviert.

Nürnberger Lebkuchen

2 - 3 Eier, 175 g Zucker	70 g gehacktes Orangeat
250 g flüssiger Honig	10 g Hirschhornsalz in 2 - 3 EL Rum aufgelöst
abgeriebene Schale 1/2 unbehandelten Zitrone	300 g Weizenmehl
1/2 EL Zimt	300 g Roggenmehl
1/2 TL Nelkenpulver	100 g gehackte Mandeln
70 g gehacktes Zitronat	50 - 60 g halbierte Mandeln

● Eier und Zucker in eine hohe Rührschüssel geben und am besten mit dem Elektroquirl sehr schaumig schlagen. Nach und nach den etwas angewärmten und damit flüssig gewordenen Honig unterrühren. Zitronenschale, Zimt, Nelkenpulver, Zitronat, Orangeat und gehackte Mandeln dazugeben. Kräftig unterrühren.

● Das in Rum aufgelöste Hirschhornsalz sowie die beiden durchgesiebten Mehlsorten hinzufügen und alles zu einem nicht zu festen Teig verarbeiten. Diesen mindestens eine Stunde lang zugedeckt ruhen lassen.

● Das Backrohr auf 170 - 190°C vorheizen.

● Das Backblech einfetten oder mit Backpapier auslegen. Den Teig daraufgeben und ca. 1 cm dick verstreichen.

● Mit halbierten Mandeln dekorativ belegen und in ca. 20 - 25 Minuten backen. Ausgekühlt in Stücke schneiden.

Saftiger Zwetschgendatschi
(Pflaumenkuchen)

Teig:
400 g Mehl, 30 g Hefe

ca. 1/8 lauwarme Milch

1 Ei, 50 - 60 g Zucker

1 Prise Salz

1 Pa Vanillezucker

50 g weiche Butter

Belag:
1 - 1 1/2 kg reife Zwetschgen (Pflaumen)

50 - 60 g Zucker, gemischt mit 1 TL Zimt

Butter für das Backblech

● Aus den angegebenen Zutaten einen Hefeteig, wie im Rezept „Hefezopf" (S. 71) beschrieben, zubereiten und gehen lassen.

- Für den Belag die Zwetschgen so entsteinen, daß die Hälften noch zusammenhängen.
- Den Teig auf dem gefetteten Backblech ausrollen und mehrmals mit einer Gabel einstechen.
- Dicht mit den Früchten belegen und nochmals ca. 15 Minuten gehen lassen.
- Inzwischen den Backofen auf 180 - 200°C vorheizen.
- Nun den „Datschi" in 30 - 40 Minuten abbacken. Noch warm mit dem mit Zimt gemischten Zucker bestreuen, dann erkalten lassen und in Stücke schneiden.

Unser Tip:

Sehr reife Zwetschgen weichen den Hefeteig stark durch. Bestreuen Sie den Teig daher vor dem Belegen mit Kuchen- oder Semmelbröseln.

„Heinerle" (Fränkisches Weihnachtsgebäck)

4 Eier	100 g gesiebter Kakao
250 g gesiebter Puderzucker	1 EL Rum oder Arrak
ausgeschabtes Mark 1/2 Vanilleschote	250 g zerl. Kokosfett
	ca. 30 große Backoblaten

- Eier mit Puderzucker in eine hohe Rührschüssel geben und sehr schaumig schlagen. Hierzu am besten den Elektroquirl einsetzen. Vanillemark, Kakao und Rum oder Arrak dazugeben und weiterrühren.
- Nach und nach das lauwarme, zerlassene Kokosfett dazugeben. Jeweils 1 Oblate ca. 2 mm dick mit der noch warmen Masse bestreichen, eine unbestrichene daraufsetzen, wiederum bestreichen und so weiterarbeiten, bis 6 „Oblatentürmchen" entstanden sind.
- Diese auf eine Platte geben, mit einem Schneidbrett beschweren und 2 Tage lang kühl stehen lassen, bis die Masse fest und trocken geworden ist.
- Nun mit einem scharfen Messer in Rauten oder Stücke schneiden und in einer gut schließenden Dose aufbewahren.

Krapfen mit Zwetschgenfülle

500 g Mehl	125 g weiche Butter
40 g Hefe	ca. 500 g Butterschmalz zum Ausbacken
80 - 100 g Zucker	
1 Pa Vanillezucker, Salz	4 - 6 EL Zwetschgenmus zum Füllen
etwa 1/4 l lauwarme Milch	
2 - 3 Eigelb	Puderzucker zum Bestreuen

● Das Mehl in eine größere Rührschüssel sieben, in die Mitte eine Vertiefung eindrücken, Hefe zerbröckeln, hinzugeben und mit etwas Milch und Zucker verrühren. Dieses „Dampfl" zugedeckt an einem warmen Ort ca. 20 - 30 Minuten gehen lassen.

● Die restliche Milch, den restlichen Zucker, Vanillezucker, Salz, Eigelb und weiche Butter hinzugeben. Alles zu einem geschmeidigen Teig verarbeiten, der sich gut vom Schüsselrand lösen sollte. Hierzu am besten die Küchenmaschine oder den Elektroquirl einsetzen.

● Den Teig auf bemehlter Arbeitsfläche ca. 2 cm dick ausrollen, mit einem Glas Kreise von etwa 8 cm Durchmesser ausstechen und diese mit einem trockenen Tuch zugedeckt, nochmals 15 - 20 Minuten gehen lassen.

● Das Butterschmalz erhitzen, die Teigkreise vorsichtig hineingeben und von jeder Seite etwa 3 Minuten goldbraun backen lassen. Dabei ein- oder mehrmals wenden.

● Die fertigen Krapfen mit Hilfe einer Schaumkelle vorsichtig aus dem heißen Fett heben und auf Küchenpapier abtropfen lassen.

● Ausgekühlt mit Zwetschgenmus füllen. Hierzu am besten eine Krapfenspritztüle einsetzen. Mit Puderzucker bestreut servieren.

Interessant für Sie:

Wird das Gebäck vor dem Backen von Hand auseinandergezogen, so erhält man die „Zugkrapfen".

Würzburger „Käseplootz"
(Quarkkuchen)

Teig:	150 g Zucker, 1 Prise Salz
500 g Mehl, 20 g Hefe	4 Eier, getrennt
40 g Zucker	80 g Rosinen
1/4 l lauwarme Milch	abgeriebene Schale 1 unbehandelten Zitrone
1 Prise Salz	
75 g weiche Butter, 1 Ei	175 g Butter, 100 ml Rahm
Belag:	2 Eigelb, 2 - 3 TL Mehl
1 kg magerer Topfen (Quark), gut abgetropft	Butter oder Backpapier für das Backblech

● Aus den angegebenen Zutaten einen Hefeteig, siehe Rezept „Rohrnudeln" (S. 58), zubereiten und gehen lassen.

● Für den Belag den abgetropften Topfen in eine hohe Rührschüssel geben und mit 100 g Zucker, Salz, Rosinen und Zitronenschale verrühren. Hierzu am besten den Elektroquirl einsetzen. 125 g erhitzte Butter dazugeben und unterziehen.

● Zuletzt 4 Eigelbe unterrühren und den steifen Schnee der 4 Eiweiße unterheben.

● Den Teig etwa 1/2 cm dick auf einem mit Backpapier ausgelegten oder gut gefetteten Backblech ausrollen.

● Die Topfenmasse auf dem Teig gleichmäßig verstreichen.

● Rahm, restlichen Zucker, 2 Eigelbe und Mehl verrühren und über dem Belag verteilen. Nun den so vorbereiteten Kuchen in 20 - 30 Minuten backen.

Hefezopf

750 g Mehl, 40 g Hefe	abgeriebene Schale 1/2 unbehandelten Zitrone
100 g Zucker	
1 Pa Vanillezucker	75 g gemahlene Mandeln
300 ml lauwarme Milch	100 g Rosinen
1 Prise Salz, 2 Eier	1 Eigelb, mit 2 EL Milch verschlagen
125 g weiche Butter	

● Das Mehl in eine grössere Rührschüssel sieben, in die Mitte eine Vertiefung eindrücken. Hefe hineinbröckeln, mit 1 EL Zucker und etwas Milch sowie Mehl mischen.

● Dieses „Dampfl" zugedeckt an einem warmen Ort ca. 20 - 30 Minuten gehen lassen.

● Die restliche Milch, den restlichen Zucker, Vanillezucker, Salz, Eier, weiche Butter, Zitronenschale, Mandeln und Rosinen dazugeben und alles mit Quirl zu einem geschmeidigen Teig verarbeiten, der sich gut vom Schüsselrand lösen sollte.

● Das Backblech einfetten. Den Teig auf einem bemehlten Backbrett in fünf gleichgroße Stücke teilen. Daraus durch Ausrollen mit den Händen gleichmäßig dicke Stränge von je 50 - 60 cm Länge ziehen. Daraus einen Zopf flechten, die Enden flachdrücken und unterschieben.

● Den Zopf auf das Backblech legen und nochmals ca. 20 Minuten gehen lassen.

● Inzwischen das Backrohr auf 180 - 200°C vorheizen. Die Oberseite des Zopfes mit in Milch verschlagenem Eigelb gleichmäßig bestreichen und in 45 - 55 Minuten goldbraun backen.

Fränkischer „Zwiebelblootz"

Teig:
200 g Mehl, 1/4 TL Salz

20 g Hefe

1/2 TL Zucker

etwa 1/8 l lauwarme Milch

30-40 g weiche Butter

Belag:
800 g Zwiebeln, in Ringe geschnitten

3-4 EL Schmalz

100 g feingewürfelter, magerer Räucherspeck

Salz, weißer Pfeffer, Muskat

1 EL Kümmel nach Belieben

2 - 3 Eier, 1/8 l Rahm

Butter für das Backblech

● Aus den angegebenen Zutaten, wie im Rezept „Rohrnudeln" (S. 58) beschrieben, einen Hefeteig zubereiten und gehen lassen.

● Inzwischen den Belag vorbereiten. Hierzu die Zwiebelringe in heißem Schmalz weich dünsten, den Speck dazugeben und würzen. Etwas abkühlen lassen. Eier mit Rahm verquirlen und daruntermischen.

● Ein Backblech mit Butter einfetten, den Teig darauf ausrollen, mehrmals mit einer Gabel einstechen. Den Zwiebelbelag darauf verteilen und nochmals ca. 15 - 20 Minuten gehen lassen.

● Inzwischen den Backofen auf 190 - 210°C vorheizen.

● Den „Zwiebelblootz" in 25 - 35 Minuten backen. Lauwarm servieren.

„Auszog'ne"
(Schmalzgebäck)

500 g Mehl	abgeriebene Schale einer 1/2 unbehandelten Zitrone
1/2 Tasse lauwarme Milch	
30 g Hefe, 1 EL Zucker	Butterschmalz zum Ausbacken
3 Eigelb, 50 g weiche Butter	
ca. 1/4 l Milch	2 EL Puderzucker

● Das Mehl in eine Rührschüssel sieben, in die Mitte eine Mulde eindrücken, Hefe hineinbröckeln und mit etwas Milch und Zucker verrühren. Zugedeckt an einem warmen Ort ca. 30 Minuten gehen lassen. Eigelb, Butter, Zitronenschale und die restliche Milch dazugeben. Den Teig so lange verarbeiten, bis er glatt ist und sich gut vom Schüsselrand löst.

● Nochmals zugedeckt ca. 15 - 20 Minuten gehen lassen. Auf bemehlter Arbeitsfläche ausrollen, in gleichgroße Stücke schneiden, diese zu Kugeln formen und wieder gehen lassen.

● Das Fett erhitzen. Mit beiden Händen die Kugeln etwas auseinanderziehen, so daß mittig eine Vertiefung entsteht.

Fortsetzung nächste Seite

Ausbacken und dabei einmal wenden.
● Abtropfen und erkalten lassen. Die Vertiefung nach Belieben mit Puderzucker bestreuen.

Kletzenbrot

200 g getrocknete Zwetschgen (Pflaumen)	je 1 Prise Nelkenpulver, gem. Anis und Salz
300 g Kletzen (getrocknete Birnen)	Saft und abgeriebene Schale von 2 unbehandelten Orangen
500 g getrocknete Feigen	4 - 6 EL Rum
500 g Rosinen	2 EL Zitronensaft
1 1/4 l Wasser	500 g dunkler Brotteig vom Bäcker
300 g Haselnüsse	80 g geschälte, halbierte Mandeln
500 g Mandeln	80 g kandierte Früchte zum Verzieren
100 g Pinienkerne	Butter für das Backblech
125 g Orangeat	Zuckerwasser zum Bestreichen
125 g Zitronat	
150 g Zucker	
1 TL gemahlener Zimt	

● Die Zwetschgen, Birnen, Feigen und Rosinen kurz kalt abspülen, in eine Schüssel geben und mit Wasser bedeckt über Nacht einweichen lassen.

● Die eingeweichten Früchte abtropfen lassen und in sehr kleine Würfel schneiden. Die Haselnüsse, Mandeln und Pinienkerne fein hacken. Mit Orangeat, Zitronat, Zucker, Zimt, Gewürzen, Salz, Orangensaft und -schale sowie Rum und Zitronensaft zu den Früchten geben. Alles gut vermischen und am besten über Nacht durchziehen lassen.

● Das Backrohr auf 200 - 220°C vorheizen.

● Die Früchtemasse mit dem Brotteig sehr gut verkneten. Längliche oder runde Brote formen, die ca. 4 - 6 cm dick und ungefähr 15 - 20 cm lang sind. Mit den Mandelhälften verzieren und nebeneinander auf das gefettete Backblech legen.

● Unter mehrmaligem Bestreichen mit Zuckerwasser in ca. 60 - 75 Minuten schön gebräunt abbacken.

● Anschließend sofort vom Blech lösen, mit kandierten Früchten verzieren und gut auskühlen lassen.

Guglhupf

500 g Mehl, 40 g Hefe	30 g getrocknete Kletzen (Birnen)
60 - 80 g Zucker	120 g Rosinen
1 Pa Vanillezucker, Salz	etwas Rum, Zucker, Zimt
ca. 1/4 l lauwarme Milch	20 g Butter für die Form
2 Eier, 120 g weiche Butter	1 EL Semmelbrösel

● Das Mehl in eine größere Schüssel sieben, in die Mitte eine Vertiefung eindrücken, Hefe zerbröckeln, hinzugeben und mit etwas Milch sowie Zucker verrühren. Dieses „Dampfl" zugedeckt an einem warmen Ort ca. 20 - 30 Minuten gehen lassen.

● Die restliche Milch, den restlichen Zucker, Vanillezucker, Salz, Eier und weiche Butter zum Vorteig geben. Kleingewürfelte Kletzen sowie Rosinen mit Rum vermischen. Zucker und Zimt dazugeben und etwas durchziehen lassen. Diese Mischung zum Hefeteig geben und alles gut verkneten, so daß sich der Teig vom Schüsselrand löst. Hierzu am besten die Küchenmaschine oder den Elektroquirl einsetzen.

● Nochmals 15 - 20 Minuten gehen lassen, dann auf bemehlter Arbeitsfläche ausrollen und in eine gefettete, mit Semmelbröseln ausgestreute Guglhupfform geben.

● Weitere 10 - 15 Minuten aufgehen lassen, dann im vorgeheizten Backofen bei 170 - 180°C in 50 - 60 Minuten backen.

● In der Form ausdämpfen lassen, rundum lockern und stürzen.

Saftiger Nußstriezel

Teig:
500 g Mehl, 40 g Hefe

1/8 - 1/4 l Milch, 1 Ei

80 g Zucker, 1 Prise Salz

etwas abgeriebene Zitronenschale

80 g Butter

Füllung:
3 Eiweiß

150 g Zucker

1 Vanillezucker

Saft 1 Zitrone

50 g gehackte Walnüsse

150 g gemahlene Haselnüsse

50 g ger. Schokolade

4 - 5 EL Milch nach Bedarf

Glasur:
2 EL Aprikosenkonfitüre

● Aus den angegebenen Zutaten einen Hefeteig, wie im Rezept „Hefezopf" (S. 71) beschrieben, zubereiten und gehen lassen.

● Für die Füllung Eiweiß halbsteif schlagen. Hierzu am besten den Elektroquirl einsetzen. Zucker und Vanillezucker einrie-

seln lassen und so lange weiterschlagen, bis der Zucker gelöst ist. Zitronensaft zufügen, Nüsse und Schokolade unterheben. Sollte die Masse noch etwas fest sein, Milch dazugeben.

● Den Teig auf bemehlter Arbeitsfläche zu einem Rechteck ausrollen. Die Füllung darauf verstreichen. Den Teig von der längeren Seite her aufrollen und die Enden einschlagen.

● Das Backblech einfetten oder mit Backpapier auslegen. Den Striezel daraufleben, mit einer Gabel mehrmals einstechen oder an der Oberseite mit Hilfe einer Küchenschere rautenförmig einschneiden. Nochmals zugedeckt gehen lassen.

● Den Backofen auf 190 - 210°C vorheizen.

● Den Striezel in 30 - 40 Minuten goldbraun abbakken. Noch warm mit der Aprikosenkonfitüre bestreichen.

Chiemgauer Bauernbrot

150 g grobes Roggenmehl	Salz, Pfeffer, Brotgewürz
300 g feines Roggenmehl	700 - 750 ml lauwarmes Wasser
350 g Weizenmehl	150 g Sauerteig, 40 g Hefe
450 g grobes Weizenmehl	etwas Roggenmehl, Öl für das Backblech
40 g Sonnenblumenkerne	

● Die verschiedenen Mehlsorten mit den Sonnenblumenkernen und den Gewürzen in einer größeren Rührschüssel gut vermischen. In die Mitte eine Vertiefung eindrücken, Hefe hineinbröckeln und mit Wasser etwas auflösen.

● Den Sauerteig dazugeben und unter langsamem Zufügen des restlichen Wassers zu einem geschmeidigen Teig verarbeiten. Hierzu setzt man am besten eine leistungsfähige Küchenmaschine mit Knethaken ein.

Fortsetzung nächste Seite

● Den so vorbereiteten Teig von Hand nochmals kräftig durchkneten und zu einer Kugel formen.

● Zugedeckt an einem warmen Ort mindestens 20 - 30 Minuten aufgehen lassen. Das Backrohr auf 210 - 230°C vorheizen.

● Das Backblech mit Öl einfetten und mit etwas Mehl bestreuen. Den aufgegangenen Teig nochmals durchkneten, zu einem schönen Laib formen und auf das Backblech geben.

● An der Oberseite mehrfach mit einer Gabel einstechen oder mit einem scharfen Messer karoförmig einschneiden.

● Mit Wasser bestreichen, dann in den heißen Backofen schieben und nach etwa 15 - 20 Minuten die Temperatur auf 180 - 200°C herunterschalten.

● Die gesamte Backzeit beträgt etwa 60 - 75 Minuten.

● Geben Sie das fertige Brot immer auf einen Backrost zum Auskühlen, damit alle Feuchtigkeit entweichen kann.

Kleine Getränkekunde

Bayern und **Bier** werden meist in einem Satz genannt, und das zu Recht. Immerhin besteht die älteste Brauerei in Weihenstephan seit 1040. Das Reinheitsgebot als Qualitätsmaßstab wurde vom Bayernherzog Wilhelm IV. im Jahr 1516 festgelegt und bestimmt, daß Bier nur aus Hopfen, Malz, Wasser und Hefe hergestellt werden darf. Die Auswahl der Biersorten ist groß und reicht vom Weißbier über das Starkbier bis zum Rauchbier, einer Bamberger Spezialität. Das bayerische Bier ist vorwiegend untergärig, das heißt die Gärung verläuft bei niedrigen Temperaturen und die Hefe sinkt nach unten ab. Das Weißbier ist jedoch ein obergäriges Bier. Die richtige Serviertemperatur liegt bei 8 - 10°C.

Das Bier wird nicht nur getrunken, sondern auch als Zutat verwendet: beispielsweise für die „Münchner Biersuppe" oder das „Niederbayerische Bierfleisch". Man bestreicht Haxen oder Schweinsbraten damit, um sie schön knusprig zu braten. Man braucht es für einen „Bierteig", der zum Ausbacken verschiedenster Obstsorten dient.

An heißen Tagen, nach einer Bergtour oder einfach als leichtes Getränk ohne viel Alkohol wird gerne ein **„Radler"** bestellt. Hierzu wird in ein Glas zur Hälfte klare Zitronenlimonade gefüllt und dann mit hellem Bier aufgegossen.

Neben dem Bier kennt und schätzt man in Bayern den **Frankenwein,** der meist in Boxbeuteln erhältlich ist und wegen seiner Qualität hoch geschätzt wird. Die drei größten Weingüter befinden sich rund um Würzburg, von denen das „Bürgerspital" bereits seit 1319 besteht. 1/3 herber Weißwein gemischt mit 2/3 Mineralwasser (oder mancherorts halb und halb) wird zur **„Schorle",** die, schön kühl getrunken, ein beliebter Durstlöscher ist. Nach einem guten Essen wird auch gerne ein guter Schnaps getrunken. In Bayern findet man neben dem **„Obstler"** einen kräftigen **Enzian** und in Niederbayern den **„Bärwurz".**

Zu den Rezepten:

Die Angaben für das Bakken beziehen sich auf Backöfen mit Ober- und Unterhitze. Möchten Sie die jeweiligen Rezepte mit Heißluft zubereiten, so stellen Sie ca. 20°C niedriger ein. Die Backzeiten bleiben in der Regel gleich.

Es werden mehrfach Abkürzungen benutzt, die ich Ihnen nachstehend noch kurz erklären möchte:

EL	Eßlöffel
TL	Teelöffel
Msp	Messerspitze
g	Gramm
kg	Kilogramm
l	Liter
cl	Zentiliter
ml	Milliliter
geh.	gehäuft
ger.	gerieben
gem.	gemahlen
Pa	Päckchen
vorgek.	vorgekocht

Autorin und Verlag danken den nebenstehenden Unternehmen für die umfangreiche und freundliche Bereitstellung des Bildmaterials.

© KOMPASS-Karten GmbH
Rum/Innsbruck
Fax 0043(0)512/265561-8
5. Auflage 2000
Verlagsnummer: 1708
ISBN 3-85491-757-0

Bildnachweis:

Verkehrsverb. München Oberbayern: Titelseite, 2
Verkehrsverb. Chiemgau, Traunstein: 2, Umschlagrückseite
Fotostudio Sattelberger, Füssen: 11, 73
Langnese-Iglo, Hamburg: 13, 41
Fotostudio Teubner, Füssen: 15, 17, 18, 45, 54, 72
Österreich Werbung, Wien: 20, 48
Komplettbüro, München: 23, 26, 34, 47, 50, 68
Robert Bosch Hausgeräte GmbH, München: 28, 30, 31, 78
CMA, Bonn-Bad Godesberg: 36
Knorr Maizena, Heilbronn: 36
Niederl. Büro f. Milcherzeugnisse, Aachen: 61
Tübke u. Partner, München: 62
Gusto, Wien: 66
Landesver. d. Bayer. Milchwirtschaft, München: 70
Unilever, Hamburg: 76
AMC International, Rotkreuz: 33

Lektorat: U. Calis, München
Design u. Produktion:
Verlagsbüro Fritz Petermüller, Siegsdorf
Satz: Agentur für Satz & Typographie, Grassau
Lithos: ColorLine, Verona
Druck und Buchbindung: New Print, Trento

Spezialitäten!

KOMPASS-Küchenschätze

DEUTSCHLAND
- 1708 Bayerische Schmankerl
- 1711 Spezialitäten aus Mecklenburg und Vorpommern
- 1712 Spezialitäten aus Schleswig-Holstein und aus Hamburg
- 1713 Spezialitäten aus Thüringen
- 1714 Schwäbische Spezialitäten
- 1715 Fränkische Spezialitäten
- 1722 Weihnachtsbäckerei
- 1727 Berliner Spezialitäten

ÖSTERREICH
- 1700 Österreichische Spezialitäten
- 1702 Österreichische Weihnachtsbäckerei
- 1703 Tiroler Spezialitäten
- 1704 Salzburger Spezialitäten
- 1705 Kärntner Spezialitäten
- 1706 Vorarlberger Spezialitäten
- 1707 Steirische Spezialitäten
- 1709 Wiener Spezialitäten
- 1710 Österreichische Mehlspeisen

ITALIEN
- 1701 Südtiroler Spezialitäten
- 1754 Südtiroler Backrezepte

VERSCHIEDENE THEMEN
- 1720 Knödel
- 1721 Natur-Heilschnäpse, Magenbitter und Liköre
- 1723 Heilkräuter für Leib und Seele
- 1724 Das kleine feine Backbuch
- 1726 Pasta, Pizza und Risotto
- 1728 Aufläufe, Gratins, Quiches und Tartes
- 1729 Strudel & Blätterteig-Spezialitäten
- 1731 Das kleine bunte Salatbuch

Erhältlich im Buchhandel und am Kiosk!

Küchenschätze ganz in Farbe  KOMPASS